「できない」を「できる」に変えるマネジメント

細谷知司 著

セルバ出版

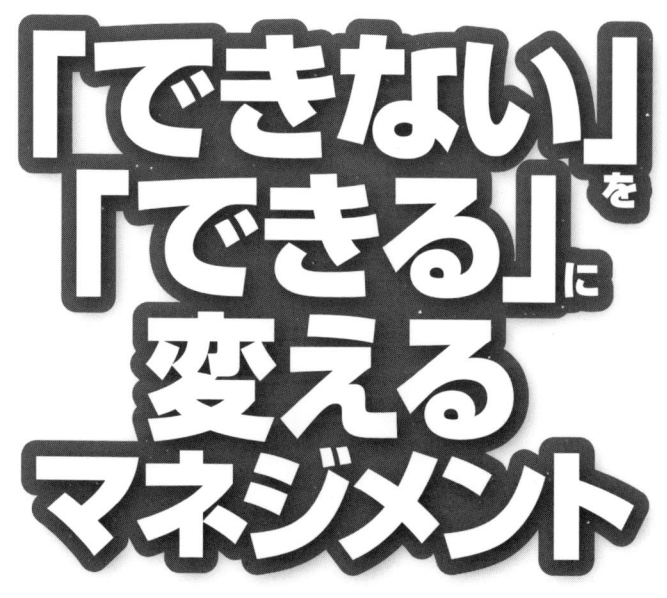

はじめに

物事が上手くいかないとき、誰かのせいや何かのせいにしたくなる人は多いと思います。

本書がターゲットとする「できない」は、基本的にはその原因を自分の内側に求めようとする人に見られる傾向です。本書では、ビジネスの場面においてよく見られるいくつかの「できない」を分析し、それらを「できる」へと変えていくための手法（＝対話）を具体的に提示します。

価値観が多様化する現代において、それらに耐え得る組織マネジメントのあり方を模索している人は非常に多いと思いますが、そのためにはまず、「価値観の多様性」を全面的に肯定する態度を、私達マネージャー自身が身につける必要があります。

一人ひとりがそれぞれに抱える個別の「できない」を受け容れ、そこを起点として対話を重ね、一人ひとりそれぞれに異なる「できる」へと変えていくこと。本書ではそうした取り組みのことを「違い」のマネジメントと名づけます。「違い」のマネジメントこそが「できない」を「できる」に変えることのできるマネジメントのあり方です。

本書ではまず「違い」のマネジメントについて解説し、カギとなる対話を成功させる三つの要素に言及します。次に、ビジネスの場面に頻繁に現れるいくつかの「できない」を抽出し、それらの内容について詳述します。

更に、実際の対話の場面を一連のストーリーを持った物語風に再現し、重要な部分に詳しい解説を付すことで、実際の対話に応用する一助となることを目指します。本書の核心となる部分です。

最後に、「違い」のマネジメントの実践に必要とされるマネージャー自身にとっての勇気の問題に言及します。

一点だけ補足があります。本書では「部下」という表現をできるだけ避け、代わりに「メンバー」という言い方をします。意図するところは、価値観の多様性を肯定する「違い」のマネジメントにおいて「上下」という意識は基本的になじまないと考えるからです。

どのような形であれ、本書がみなさんのお役に立てることを心から望みます。

平成28年2月

細谷　知司

「できない」を「できる」に変えるマネジメント　目次

第一章　「違い」のマネジメントとは？

☑「違い」のマネジメントとは？

「同じ」のマネジメントとの違い

逆説的な言い方にはなりますが、本書が目指す「違い」のマネジメントの対義語は、「同じ」のマネジメントです。両者の対比は、「みんなができるようになる」という一文を例として考える場合、「みんなが」と「できるようになる」との間に入る言葉の違いによって明らかになります。

つまり、「同じ」のマネジメントが「みんなが(同じように)できるようになる」ことを志向するのに対して、「違い」のマネジメントは、「みんなが(それぞれに、今よりも、少しでも)できるようになることを目指します。「できない」を「できる」に変えるとは、私達の思考を後者の形に転換することに他なりません。

別の言い方をすれば、前者の考え方は、身近にいるハイパフォーマーの仕事のやり方を分析し、高いアウトプットに繋がっている要素を抽出し、更にはそれらを一般化する(＝抽象化する)ことによって、多くのローパフォーマー達が抱える悩みに光を与えようとするものです。

このような考え方は、ボスマネジメントやハードマネジメントにおいてはもちろんのこと、最近流行りのリードマネジメントやソフトマネジメントといった領域においても同様に通底していると私は考えていますが、組織として期待するアウトプットのレベルを明確化するというメリットや、特に「きっかけ」のようなものを見出せていないメンバーに対してそれらを提供するという利点を有している一方で、「できる」人と「できない」人との間に分水嶺を設けてしまうといったリスクを大いにはらんでいます。このリスクについてもう少し考えてみましょう。

人間にとって「違い」は自然なこと

マネジメントの大家であるドラッカーは、その要諦が「自由と尊厳」にあると考えていますが、自由と尊厳の対極にあるものは言うまでもなく「全体主義」です。全体主義の功罪について正確に評価することは明らかに私の能力を超えた問題ですが、画一的な価値観を強要する、別の言い方をすれば、価値観の多様性を否定するような考え方を私は基本的に好みません。

「みんなが(同じように)できるようになる」という志向性には、当事者が自覚しているか否かにかかわらず、全体主義の香りがほのかに漂っています。

こうした考え方をものすごく遠い場所まで突き詰めていくと、例えば「できる」人のクローンをたくさん生み出せばよいという発想に至ってしまうかもしれませんし、あるいは、物事を不安定な人間に任せるのではなく全部ロボットにやらせればいいと結論づける人達も、少なからず出てくる可能性があります(アドルフ・ヒトラーがユダヤ人に対して行った蛮行を思えば想像は難しくないと思います)。

それでいて現実は、クローン人間の問題は言うまでもなく、例えばダルビッシュ有や田中将大のような野球選手を緻密な計測によってデータ化し、別の誰かが激しいトレーニングによって数値的な再現を試みたとしても、その結果を決して許容しようとはしないでしょう。

以前に視たNHKの番組で、全盛期のサッカースペイン代表を支えたシャビとイニエスタという二人の天才を学者が科学的に分析し、そのパフォーマンスを生み出している要素を一定のレベルで特定することに成功していましたが、もしも本当にデータを再現することでパフォーマンスを再現できるのであれば、スペインの少年はみなシャビやイニエスタになっているはずです。

私達は機械やシステムではなく人間です。機械には時として誤作動が生じ、システムも常にバグを内包していますが、私達にとってのマネジメントを考える際、データだけでは必ずしも割り切れない何か＝「個体差」に裏づけられた偶然の存在を意識しない訳にはいきませんし、やや不謹慎な言い方をすれば、そうした要素があるからこそ醍醐味もまた存在するのだと思います。

特定の価値観に基づく「できる」を反復しようと試みてもなお、そうした場所からはみ出そうとする何か、私は「違い」をそのように理解しています。そしてそのような「違い」もまた、当然にその人ごとに違っているはずです。

今ここという場所

「違い」のマネジメントは、言うなれば個体差に着目するマネジメントです。

個体差を意識するどころか、むしろ積極的に取り入ることによって、メンバーの数だけ存在する固有の「できない」を発見します。そしてそれを「みんなが（それぞれに、今よりも、少しでも）できるようになる」ための起点として共有します。

そのために必要なものは「対話」です。

個々のメンバーと、固有のイシューに基づく対話を行うことは、既にみなさんも経験されている通り本当に大変なことです。例えば二十人から三十人くらいのメンバーが在籍している組織を想定した場合、一人あたりの面接時間が一時間として合計すると三十時間、それを一年に三回実施するとなれば、通算で百時間近い時間を捻出しなければなりません。一口に百時間といっても実際にはものすごい時間量です。

しかしながら、「違い」のマネジメントにとって、メンバーとの対話は絶対に欠くことのできない大切な要素です。適切な対話がなされない状況において、固有の「できない」を発見することは、絶対に不可能だと言い切ることができます。

対話の問題については追って詳しく触れますので、話を少し戻します。

全員が「四番」では勝てない

個体差に着目するマネジメントとは、具体的に言えば、個々のメンバーにとっての「できる」のあり方が、それぞれに違っていても全く構わないと認めるマネジメントです。

組織としての成果にコミットする現場のマネージャーにとって、一人でも多くの優秀なメンバーを確保したいと考えることは、ある意味では自然なことなのかもしれません。

遠くのほうから降ってくるプレッシャーの雨、お客様から寄せられる事前期待の大きさなどに直接触れてしまうと、能力の高いメンバーが数多くいる＝組織のアウトプットの総和が大きくなる、と考えてしまいたくなるのも無理はありませんし、ある意味ではそれも数ある正解の中の一つなのかもしれません。

しかし、です。

一例として、プロ野球のチームを想定してみましょう。

以前どこかのチームがそうして失敗したように、四番打者ばかりを集めたチームが必ずしも優勝できる訳ではありません。例え二十勝レベルのエースが四人いたとしても、敗戦処理専門の中継ぎ投手や優れたクローザーがいなければ、長いペナントレースを制することは極めて困難です。

バントなどの小技に長けた二番打者、重いストレートと鋭いフォークボールだけで勝負する抑えの切り札、あるいは、チャンスにだけは滅法強い代打の神様など、実に様々な形での「できる」を抱えた選手達が集まって初めて、チームとしての総合力が高まり優勝を目指すだけの素地ができるのではないかと私は考えます。

私達の組織にそのような考え方を持ち込むのは無謀なことでしょうか。

少なくとも私はそうは思いません。

私達の組織にも実に多様な才能を持ったメンバーが集まっています。

論理的な思考に優れた中堅社員、感性に裏打ちされたひらめきに見るべきところのある若手社員、事務処理の得意な派遣社員、能力的にはパッとしないけれど、その人がいるだけで組織の雰囲気が明るくなるようなベテラン選手、一つひとつ挙げていけばキリがありません。

そのような才能のどれもが、固有の「できる」の在り方として全面的に肯定されるべきものだと私は考えます。そうした個体差（ないしは、個性）を消去し、画一的な「できる」へと無理に収斂させるのではなく、逆にそれらを承認し延ばすことで、組織としてのアウトプットの総和を高めていく、「違い」のマネジメントが目指すのはまさにそのような地平です。

例えば、オール5を取れるメンバーが十人いても、その組織のレベルはオール5を超えることが絶対にありません。

他方、他の項目は全然ダメでもたった一つの項目だけは7のレベルにある、そんなメンバーがそれぞれに異なる才能を抱えて十人集まった組織のアウトプットは、5を超えて7のレベルにまで達する可能性を秘めています。

私達マネージャーの腕前（そのようなものがあれば、ですが）とは、そうした異なる複数の才能を見出し組み合わせる力に他ならず、まさに組み合わせの妙によって組織のアウトプットを最大化することこそが、私達の力の発揮どころなのだと考えます。

才能を発見するためには対話が必要です。「違い」のマネジメントにとっての対話については後で詳しく触れますので、今はその点だけにとどめておきます。

☑「できない」から始める理由

同じコインの表と裏

それでは、メンバーに固有の「できる」を肯定し高めることで組織としてのアウトプット向上に繋げようとする試みが、「はじめに」でも触れたように「できない」から始める理由は何でしょうか。

先程、「同じ」のマネジメントは「できる」と「できない」との間に明確な分水嶺を設けるという趣旨のことを書きましたが、「違い」のマネジメントにおいて、そのような分水嶺は完全に姿を消すことになります。私は「できる」と「できない」は相対的な関係にあるもの、つまり、同じコインの表と裏のようなものだと考えています。

コップと水の例について見てみましょう。

水がコップに半分くらい残った状態を「もう半分だけになってしまった」とネガティヴに捉えるのか、あるいは、「まだ半分も残っている」とポジティヴに捉えるのか、見る人によってスタンスは違いますが、「できる」／「できない」の問題も同じような問題性を含んでいます。

「この世に完璧な人間などいない」という仮説が有効であるとすれば、私達を含むすべての人が、「できない」領域を何処かに必ず残しています。つまり、今日という時点の「できている」は「できていない」部分がまだこれだけ残っているという事実を同時に表現しており、明日の自分が今日の自分よりも「できている」ためには、今日の自分にとっての「できない」の正体を正確に理解する必要がある、ということになります。

まさにこのことが、「できない」から始める一義的な理由です。

明日の自分のために、今日の自分が何者なのかを理解する。このようなスタンスを確立するためにはいくつかの前提条件が必要になります。

以下、それらについて少し考えてみましょう。

「できない」と正対する

「違い」のマネジメントは個体差を前提としているという話をしました。

個体差と書いてしまうと、何だか身体的能力にフォーカスしているとの誤解を与えてしまうかもしれませんが、むしろ私はこの言葉を、身体的な能力や特徴以外の諸々の要素、言い方を変えれば、仕事に対する関わり方、人生における働くということの意味、つまりは、その人にとっての人生観のようなものとして考えたいと思います。

日々自分を更新していくという作業は、言葉にしてしまうのは簡単ですが、それを実行するのは非常に大変なことだと私は考えています。

そうした取り組みを現実のものとするためには、何よりもポジティヴな気持ちが不可欠ですし、そのような気持ちのポジティヴさは、自分がやりたいと思っていることを実現できているときにこそもっとも高まります。そうした前向きな姿勢を持っている人だけが自らの「できない」と正対することができる、そう言っても決して言い過ぎではありません。

「違い」のマネジメントはメンバー一人ひとりの「できない」と正対します。そしてメンバー一人ひとりの前向きな想いだけが、「違い」のマネジメントに現実の潤いを与えることができます。

そのような想いのために、私達マネージャーにできることは何でしょうか。

それは二つの事柄であると私は考えます。

常に人生の幸せが優先する

一つには、組織において与える役割に、メンバー一人ひとりの想いを結び付けること、言い方を変えれば、各人の生き方と組織における役割とが、可能な限り大きく重なり合うように役割を付与すること。

私は、自組織のメンバーに次のような話をよくします。

会社が人生に優先することは絶対になく、一番大切なのはみなさん一人ひとりの人生です。

しかしながら、みなさんが会社員である以上、人生のもっとものの多くの時間を会社で費やすということは動かしがたい事実であって、望むと望まざるとにかかわらず、人生の幸せのかなりの部分は会社生活の幸せと結び付いています。

だからこそ私は、みなさんの会社生活が幸せなものであって欲しいし、そうした観点から、この組織におけるみなさんの役割を考えていきたいと思っています。

そして実際に、年に三回行われる面接などの場を活用して、メンバーの一人ひとりと、これからどのような働き方をしていきたいか、更なるキャリアアップを望むかどうか、私生活とのバランスを重視する働き方を望ましいと考えるのかなどといった、それぞれのメンバーの仕事に対する想いを共有するように努めています。

そのときに大切なのは、「どのような答えであってもすべて受け容れる用意がある」という信念を、前もってメンバー全員に伝えておくことです。当たり前のことですが、例えそれが仕事に関係することであったとしても、他人の人生観を否定する権利は私達の誰にもありません。ちなみに職権に基づく命令として指示する場合であっても、メンバーの人生観を保護することは十分に可能です。

価値観の多様性を許容することなく働き方までをも画一化しようとする発想は、明らかに「同じ」のマネジメントの領域に属するものです。

対話を通じて共有したメンバー一人ひとりの価値観を、人生の幸せを、組織という白地図の上にプロットし、アウトプットが最大となるような役割に組み直していくこと。あたかも毎試合最適なオーダーを考えるプロ野球の監督のように、「点」の集合体ではなく「線」によって構成される「面」を構築していくこと。

「違い」のマネジメントを実践する私達にとって必要とされる、もっとも重要な役割の一つを、私はそのように理解しています。

大切なのは勇気

もう一つの事柄は、「勇気づけ」です。

勇気づけとは、アドラー心理学におけるキーコンセプトの一つで、何らかの問題を抱えた人への対処の方法を示したものです。

アドラー心理学では心理的なトラブルはすべて「人間関係の問題」であると理解されます。具体的には、他者との関わりにおいて生じる劣等感や歪んだ優越感など様々なコンプレックスによって、それらのトラブルが引き起こされると考えます。そうしたコンプレックスは、明らかに、人生の課題と正対する「勇気」を欠いた状態を代弁するものであり、したがって、トラブルの解決に当たっては何よりもまず、失われた勇気の回復が優先されることになります。

つまり、勇気づけとは、失われた勇気を回復するためのすべての試みを言うのだと理解することができます。

しかしながら、メンバーの一人ひとりと人生観を共有し、単にそれらに見合った役割を付与するだけでは、必ずしも十分とは言えません。

なぜならば、役割を与えられただけのメンバーは、少なくともその時点においては自分が本当にその役割を果たすことができると確信するレベルには至っていない場合がほとんどだからです。

「違い」のマネジメントは、メンバーの一人ひとりが、自らに与えられた役割の実現に向けて、真摯に取り組むための勇気を与えます。そのようなメンバーにとっての「できない」が、他ならぬ自分自身の正体そのものであることは既に話した通りです。

私達は、そのようなメンバーの現在地を、「今ここという場所」として理解します。

それは、それぞれのメンバーの来し方行く末、能力、モチベーション、夢、怒りや悲しみ、愛情、あらゆるものがぎっしりと詰まった場所です。

そのような場所を共有し、更には、次に辿り着くべき場所までをも共有すること。

私にとっての勇気づけとは、そのような形で実現されるべきものです。

次の目的地までの距離が遠すぎれば、折角の想いを無にしてしまうかもしれません。

だから、手ぶらで歩ける程度の距離を「明日の今ここという場所」として設定すること。

大丈夫、特別な準備なんか必要ないし、普通に行けば必ず辿り着けるから。

そう背中を押してあげること。

言葉にする以上に大変な試みであることは否定しません。

もしかすると、私達に求められているものは、そのような大変な試みから逃げることなく、常に全身で正対していく、私達自身の勇気なのかもしれません。だとすれば、私自身が勇気を示すことこそ、メンバーにとって最大の勇気づけになるのではないでしょうか。

☑対話を効果的にする三つの要素

これまでに触れた内容から、「違い」のマネジメントとは「今ここという場所」のマネジメントである、と言い方も十分に成り立つものと考えます。

「違い」のマネジメントにおける起点としての「今ここという場所」。

そのために私達は、メンバーの一人ひとりと対話し、様々なものを共有します。

「今ここという場所」における対話を通じて、同質の時間を共有します。

ここではそうした対話を効果的なものにする三つの要素、つまり、①自己開示、②自己相対化、③自己決定性について解説します。

これらはどれも、私達の対話にとって欠くことのできない要素です。

中には聞き慣れない言葉もあるかもしれませんが、実際にはみなさんが特に意識せずとも実行に移していることばかりですので、どうかご安心ください。

第三章で「違い」のマネジメントをめぐる対話の場面を詳しく解説しますが、その中でも用いる観点ですので、是非この機会にご理解いただけると幸いです。

①自己開示

まずは仕組みを理解する

「違い」のマネジメントおける対話は「自己開示」に始まります。

自己開示とは、既にご存知の方も多いと思いますが、心理学における専門用語の一つであり、それだけにフォーカスしたセミナーも数多く開催されるほど、近時のマネジメントの場面において語られることの多いテーマです。

一般的には「自己に関わる情報（感情、経験、人生観などの主観的世界に関わるものも含む）を、言語を介して、他者へと伝達する行為」と理解されますが、特段の意図を持つことなく、肯定的な側面も否定的な側面も含めありのままに伝える点が、その特徴だとされています。

更に注目すべきなのは、この自己開示には常に「返報性の原理」が伴うという点です。

心理学的には、情報伝達を受けた他者はそれと同じだけの情報を開示した人物に伝達し返すことが一般的であると考えられています。この仕組みのことを返報性の原理と呼んでいます。自己開示が起点となって他者とのコミュニケーションが進展するためには、この返報性の原理の活用が必要となってきます。

その他にも、感情を吐き出す（＝告白する）ことでストレスを発散したり（＝感情の表出機能）、話すことによって自らの態度や意見をはっきりさせることができたり（＝自己明確化の機能）、他者からのフィードバックによって自分自身の能力や意見の妥当性を評価できたり（＝社会的妥当化の機能）といった効果もあって、認知行動療法の場面などで用いられることも少なくはありません。

また、一般的には女性のほうが男性よりも開示のレベルが高いと言われています。

自己呈示との違い

他方、自己開示と似て非なる概念に、「自己呈示」というものがあります。

この自己呈示とは、他者からの好意的評価や社会的承認、あるいは、物質的報酬といった利益を得ようとする意図のもと、自らにとって不利益にならないような情報だけを、他者に対して限定的に開示する行為のことを言います。

自己開示が言語を介した伝達に限られるのに対して、自己呈示は言語的なコミュニケーションにとどまらず、動作や表情など非言語的なコミュニケーションまでをも含むところが特徴だとされています。そうした特徴から、「印象操作」という表現を用いられる場合もあります。

もちろん自己呈示にもメリットは複数存在します。

自分の意図や目的を実現するため、あるいは、コミュニケーションそのものを促進するために、意図を持って情報を限定することは一つのスキルであると考え得るでしょうし、実際にそうした意図が奏功する場面も多いことと思われます。

また、個人にとってはアイデンティティや自尊心などを維持、ないしは、高揚する機能もあるとされていて、「適切に用いられる限り」という注釈はつきますが、自己呈示も十分に効果的なものと言わなければなりません。

まさに「違い」が大切なのだと知る

私がここで自己呈示に言及したのは、自己開示との対比において見出される「違い」を浮き彫りにするためです。そうした「違い」こそが、私達が実践する対話に際して留意しなければならない点をうまく表現していると感じたからです。

つまり、必ず言語を用いなければならないということと、情報を限定することなくありのままに開示しなければならないということの二点です。

メンバーは、マネージャーに対して自分の大切な価値観を開示しようとしています。働くということに対する想いや仕事を通じて得られる人生の幸せといった極めて大切な事柄を、私達に伝えようとしています。

それを受け止め、理解し、共有する私達がありのままの自己を開示しないことは、ある意味では非常に失礼なことではないでしょうか。

自分を信じてありのままを伝えることのないメンバーとの間に、本当の意味での信頼関係を構築することは、少なくとも私には難しいことのように思われます。

私が知っている若い社員に、本人はとても真摯に仕事と向き合い、周囲のメンバーとも積極的にコミュニケーションを図ろうとしている人物がいたのですが、誠に残念なことに多くの同僚からは「話を全く聞いてくれない人」という不名誉なレッテルを貼られていました。

そんなとき、たまたま私がメニューづくりをすべて任された社内の研修にその若者も参加することが決まり、それをよい機会だと考えた私は、一つの案を思いつきます。

それは、参加者の周りで今現実に生じているコミュニケーションギャップを題材として論議するパートを設ける、というものでした。

そこで話を聞いてみてわかったのは、彼にとっては明らかに善意から始まる日々の実践が、周囲のメンバーから寄せられる様々な相談に対して「模範的な」解答を示すこと、厳しい表現に改めるならば、「外形的には正しい、でもそこに私達の想いは全く反映されていない」、そのような答えを提示することに終始していた、という事実です。

「間違ったことを言わない」という思いが強過ぎる余り、その若者は肉声を欠いた対応を重ね、結果として「話を全く聞いてくれない人」という誠に残念な評価を下されていました。

どうしてでしょうか？

既にみなさんもお気づきの通り、彼が行っていたのはあくまでも自己呈示であって自己開示ではなかったのです。

これは一例に過ぎませんが、自己開示には常に自己呈示に陥るリスクが伴うということも私達が予め知っておくべきことの一つであるように思います。

「知らない」人にならないために

これは余談になりますが、最後にエピソードを一つ。

私が以前マネージャーをしていた職場には、多くのワーキングマザーがいました。

彼女らの多くが参加する研修で、自己開示の重要性について言及する機会があったのですが、私はあえて次のような質問を投げ掛けてみました。

どうして自己開示が大切なのか。

ワーキングマザーであるみなさんに質問している、という状況をヒントに考えてみてください。

みなさんはおわかりになりますか。

やや意地悪な内容ですが、私の答えは次のようなものでした。


だってお子さんには「知らない人について行っちゃダメよ」って教えるでしょ。


おそらく「知らない」リーダーについて行くメンバーは多くないと思います。

半ば冗談のような言い方になって恐縮ですが、ビジネスの場面における自己開示の真の意味は、実は極めてシンプルなのではないかと、かなり真剣に考えています。

図1

①自己開示

【機能】

・対話の起点として機能する

・自己開示を受けた他者は「返報性の原理」に従い同じレベルでの開示を行う

【留意点】

・必ず言語を介した伝達として実践する

・意図を持たず、良いことも悪いこともありのままに開示する

・メンバーは「知らない人にはついていかない」と心得る

②　自己相対化

まずは仕組みを知る

前項で見た自己開示が、「違い」のマネジメントが実践する対話において、メンバー一人ひとりの「今ここという場所」を引き出すための起点であるとすれば、これから見ていく「自己相対化」は、そうした起点において開示されたそれぞれの想いの、言わば「受け止め方」に関わる問題だと言うことができます。

少し観点は逸れますが、対話とはコミュニケーションの一つの形です。受け止め方について考えるにあたって、コミュニケーション全般に共通する問題について触れることには一定の意義があると思いますので、まずはそれらについて簡単に見ていくことにします。

ドラッカーは、マネジメントにとっては「目標の管理」が何よりも重要であり、その最大の目的は、「上司と部下の知覚の仕方の違いを明らかにすること」だと述べています。私達のマネジメントにおいても、メンバーの意見と自身のそれとが完全に一致していることなど非常に稀ですし、それがまさに現実なのだとすれば、「違い」が存在するという事実から目を背けることはまったく得策ではありません。「同じ出来事を違ったように見ていること」を互いに知ること。私はそこにコミュニケーションの要諦があると考えます。

そしてそのようなコミュニケーションは、価値観の多様性を大切にします。

例えば、意見の全く異なる当事者間で合意を形成するということと、当事者全員が同様の意見を有していることとは、明らかに別の出来事です。価値観の多様性が名実ともに認められている組織では、メンバー間で意見が異なっているという事実そのものが圧倒的に肯定されます。メンバーの全員が臆することなく自らの意見を表明し、結果として組織の透明性も高まることになります。

他方、当事者全員が同じ意見を持っていることが好まれるような組織では、異なる意見は、目に見えないものも含めて、様々な形で抑圧されることになります。言葉の上では「どうぞ自由に意見を言ってください」などと表明していても、実際にはその背後に「私の意に沿う限りにおいては」という空気が流れている、そんなケースは必ずしも少なくないように思います。

繰り返しになりますが、「違い」のマネジメントにおけるコミュニケーションは、価値観の多様性を何よりも大切にします。そしてそのための方法こそが自己相対化に他なりません。

ゲーデルの「不完全性定理」

現代最高の数学者にして、アリストテレス以来の大論理学者とも評されるクルト・ゲーデルは、主要概念としてのいわゆる「不完全性定理」において、「数学は矛盾しているか、不完全であるかのどちらかであり、その正しさを、数学という自己の論理体系の中で証明することは不可能である」と説きました。

高度な数学の話題を私達のコミュニケーションの問題とダイレクトに結び付けることには論理的な飛躍があるのかもしれませんが、それでも私は、「不完全性定理」における「数学」を「価値観」という言葉に置き換えてみたいと思います。例えばこんな感じでしょうか。

私達一人ひとりの価値観は、矛盾しているか、不完全であるかのどちらかであり、その正しさを、自らの価値観だけを用いて証明することはできない。

私は、この文脈をすんなりと受け容れることができます。

私達の価値観の間に横たわっているのは「違い」であって「正誤」ではない。

そのような論調に出会うことは多いと思います。

「違い」のマネジメントは、まさにその名前の通り、各メンバーの価値観をめぐる「違い」には着目しますが、「正誤」については基本的に問題としません。

先にコップに残った水の話をしましたが、その量を多いと思うか少ないと感じるかはあくまでも認識の相違であって、どちらか一方が正しいという問題では決してありません。

自分の価値観だけが絶対に正しいと誤認しないこと、他者の価値観との間にあるのは単なる相違だけであると腹の底から理解すること、自己相対化にとって必要とされるのは、実はこの二点しかありません。

自己開示を適切に行ったマネージャーには、返報性の原理に基づいて、メンバー一人ひとりから異なる価値観が示されます。そうした価値観を、自らのそれに対するのと同様に正しいものとして受け容れること。両者の間に存在しているのは正誤という名の分水嶺では決してなく、相違という克服可能な課題であると明確に示すこと。

言葉にするのは簡単ですが、実行するのは大変に難しい。

そのことは十分にわかっているつもりです。

だとしても、私達マネージャーにとって自己相対化という課題への挑戦を回避することは、職務の放棄にも等しい行為なのだと私は考えます。

タマネギとまだ見ぬ山

演劇人である平田オリザさんは、価値観が多様化する現代社会において、私達が共通の方向性を見出すための「情報交換の場」として対話を理解します。

そして、対話を行う個人には、社会の中で自らに求められる「役割」を演じること、「本当の自分」という幻想はさっさと捨てて、徹底的にその役割を演じ切ることが大切なのだと述べています。

役割という言葉は、また別の文脈では「仮面」とも表現されていますが、本項で見てきたような価値観の相対性という点に着目するならば、その表現はまさに正鵠を射たものと言うことができるでしょう。

平田さんは「仮面とはタマネギのようなものだ」と言います。

タマネギをどれだけ剥いてみたところで「中味」を発見することはできません。

私達が日頃正しいと信じている価値観も、もしかしたら一個のタマネギのようなものに過ぎないのかもしれません。

そんな諦観にも似た気持ちを抱きつつ、日々タマネギを剥き続ける。

一つを剥き切ってしまえば、また新しいタマネギを見つける。

そしてそれをまた剥き続ける。

平田さんが、自著『わかりあえないことから　コミュニケーション能力とは何か』のある場面で引用されている若山牧水の一首に次のようなものがあります。

いざ行かむ　行きてまだ見ぬ　山を見む　このさびしさに　君は耐ふるや

マネジメントについて考えるとき、私はいつもこの一首を思い浮かべます。

初めてマネージャーと呼ばれるポストに就いたとき、上司から「マネージャーは本当に孤独だよ」と言われたことを覚えています。それはまさに「君は耐ふるや」という問いそのものでした。

僭越な言い方になってしまい恐縮ですが、「このさびしさ」をマネジメントに携わるすべての方と分かち合いたい、心からそう願っています。

図2

②自己相対化

【機能】

・他者から開示された自己の受け止め方の問題

・価値観の多様性の根幹をなすものであり、全ての問題を正誤ではなく相違の視点で眺める

【留意点】

・「絶対」はないことを正しく理解する

・評価を留保し、他者の価値観をありのままに受容する

・他者の価値観に対して、自らにするのと同様に接する

③ 自己決定性

まずは仕組みを知る

アドラーは、自らが創設した「個人心理学」を通じて、一義的にはフロイト心理学を念頭に置きながら、未来は自らの意思で決定することができると説きました。

つまり、遺伝や生育環境といった「原因」によって個人の行動が規定されるのではなく、未来に向かってどのような人生の目標を持つかはすべて当の本人の意思によって決定される、そう考えた訳です。そしてそのような選択可能性のことを「自己決定性」と表現しました。

また、個人にとっての物の見方、ないしは、価値観とでも言うべきものを「ライフスタイル」と名づけ、正しいライフスタイルを身に付け、そして社会に貢献していくことが、それが私達の人生の目標であるべきだ、とアドラーは言います。

正しいライフスタイルを獲得した人は、生き方が社会に非常に適応しており、仮に本人が望んでいないような場合であっても、社会に何らかの恩恵を与えます。

逆説的に言えば、社会がその人の生き方から何らかの恩恵を受けている、そうした状況が生まれているのであれば、その人は正しいライフスタイルを身に付けている、そう結論づけることができるわけです。

共同体感覚を身につける

そのような状況は「共同体感覚」によって可能となる、とアドラーは言っています。

共同体感覚とは、①周囲の人は私を援助してくれる(他者信頼)、②自分は周囲の人に貢献できる(自己信頼)、③その結果として自分には共同体の中に居場所がある(所属感)、という三つの要素によって構成される、アドラー心理学にとっての社会の共通原理を指します。

つまり、アドラー心理学では、確かにすべては「自己決定性」の原理に従うものの、それは心の赴くまま奔放に何かを求めてよいということでは決してありません。他者貢献を基軸とした共同体感覚の行使によって周囲の人々に何らかの恩恵をもたらす、そんな正しいライフスタイルを自らの意思で獲得すること、それこそが人生の目標でなければならない、少なくとも私はそのように理解しています。

正確には違うのかもしれませんが、アドラー心理学の根幹とも言えるそのような考え方は、「違い」のマネジメントにおける対話にも応用することが可能です。

つまり、「今ここという場所」とは組織のメンバーが、他者への信頼と共に所属することのできる「居場所」です。他者のメンバーから援助を与えられ、同時に他のメンバーに貢献していくこと。それを可能にするための場所です。所属するメンバーが互いに支え合うことによって、そのような場所の意識が生まれます。

「違い」のマネジメントは、そうした意味での「今ここという場所」を共有します。

自己変革への志向

明日には自分のもたらす恩恵が少しでも増えていることを志向する意識。

そのような実践の積み重ねとして達成される自己変革。

私達にとっての自己決定性は、常に自己変革を志向します。そして自己変革とは、今日の自分の「今ここという場所」と明日のそれとの差分以外の何ものでもありません。

したがって、私達の課題は必然的に、メンバーの一人ひとりから如何にして自己変革へと向かう正しい自己決定性を引き出すか、という点に収斂されます。

そのような自己決定性の引き出しを可能にするのは勇気づけです。

先程も見たように、勇気づけとは単なる励ましの類ではありません。

組織という白地図に、メンバーにとっての人生の幸せをそれぞれにプロットしていくこと、組織への貢献の責任を差異化し、個々人の役割と組織の目標とを有機的に結合させ、組織における明確な人生の目標を一人ひとりに設定すること。

仮に組織として超えるべきハードルの高さが一〇メートルなのだとすれば、メンバー一人ひとりが一〇メートルの高さを超えるべきなのではなく、全員の超えた高さの総和が最後に一〇メートルに達していればよいのだと言い切ること。

それが「違い」のマネジメントが志向する勇気づけなのだと私は考えます。

組織への貢献の「責任」という表現を用いました。

図3

③自己決定性

【機能】

・未来は自らの意思で選択可能であるという性質

・共同体感覚と勇気によって、「他者（共同体）への貢献」という形で実現されなければならない

【留意点】

・全ての人が組織に対して何らかの貢献ができると理解する

・責任を差異化し、個々人の人生の目標と有機的に結合する

・組織への貢献に繋がるよう、正しく勇気づける

再びドラッカーに拠れば、日本企業におけるかつての成功例や、ツァイス、ＩＢＭの例などから、「責任の組織化」こそが、マネジメントの最重要課題だと導き出されています。

私はドラッカーの言う責任を、結果に対するコミットだと理解します。

組織化すべき責任とは、組織としての成果に対する貢献の責任だと考えます。

そのような貢献への責任を支えるものは常に「仕事そのもののやりがい」であり、組織におけるメンバーの役割と人生の幸せとが最も近い距離にある場合に、組織としてのアウトプットが最大になるのだと確信しています。

第二章　「できない」を分析し、知る
―「違い」のマネジメントの実践のための入口

本章では、ビジネスの場面に多く登場する「できない」を理論的に分析し、その問題性を正確に理解します。また、そうした試みの前提として、それらの「できない」が、アドラー心理学的な意味での勇気づけを必要とする状態である、という点を共通の理解とします。あるいは、自分の「今ここという場所」と正対していない状態、という言い方もできるかもしれません。

「できない」を抱えた人は、意識的かどうかにかかわらず、何らかの理由によって、自らと正対することを回避しています。

したがって、「違い」のマネジメントにとっては、回避されているものの正体を正確に探ることが非常に大きな意味を持ってきます。

そのために私は、厳密には私達人間の数だけ存在する「できない」の諸相を、大きくは次に記載する四つのカテゴリーに分類します。

☑カテゴリー1　「わからない」
☑カテゴリー2　「できない」
☑カテゴリー3　「気がない」
☑カテゴリー4　「その他（あれば具体的に）」

何だか四択問答のような形ですが、実際にそんなレベル感で見ていただければ結構です（実際に私はそんな四択問答から本書の着想を得ています）。

その上で、カテゴリー1～3については全部で七つの小カテゴリーに再分類します。

　また、それぞれの小カテゴリーには、回避の対象となっている行為ならびに回避の原因とされているものが個別に定められ、アドラー心理学におけるライフスタイルに近いイメージで「タイプ」という表現が用いられています。

　ですが、みなさんのご理解を拘束するものでは決してありません。

　あくまでも理解を深める目的で行っているものです。

　ただし、仮にこうした分類を許容いただける場合であっても、一点だけご注意いただきたい点があります。それは、こうした分類をメンバーへの単なる「レッテル張り」に用いることだけは絶対に避けていただきたい、ということです。

　言うまでもなく、「できない」から始める「違い」のマネジメントの目標は、メンバー一人ひとりの人生が仕事を通じて今よりも少しでも幸せになる点にのみ存在します。そのような目標の実現のために、勇気とともに「ネガティヴ」を目指して出発する訳ですが、そのマイナスも、あくまでも理想の自分、明日の自分から見た場合のマイナスなのであって、否定的に理解されるべきものでは決してありません。明日の「今ここという場所」が少しでも高みへと近づいていくことを目指して、私達が格闘する相手としての「できない」の諸相を見ていきたい。

　強くそう願いつつ、山探しの旅を始めたいと思います。

　なお、巻末に「基本フォーマット」と題して、本章の内容をわかりやすくまとめたシートを添付していますので、併せてご参照いただけると幸いです。

☑ カテゴリー1「わからない」

① 何をしてよいかが「わからない」【タイプ】考えることを回避する（ｗｈａｔの問題）

言われたことはできるのに

端的に言うと、このタイプに該当するのは「言われたことだけをやる人」です。

個別具体的に指示された場合には的確に仕事をこなすことができるのに、目的だけが漠然と指示されたような場合には全く成果を出すことができない、そんな人がみなさんの周りにも数多くいるのではないかと想像します。

漠とした包括的な指示が苦手というケースには、もちろんいくつかの理由が考えられます。最近よく耳にする中ではいわゆる「ゆとり世代」の問題、少し時代を遡れば「受験戦争の弊害」などといったことも、理由として十分に成立するかもしれません。

このタイプの場合、その理由は能力をめぐるトラウマであると私は考えます。

能力をめぐるトラウマとは、例えば「あなたは本当に勉強ができないわ」などと親から繰り返し言われて育った子供が、勇気を挫かれ自信を失ってしまったために、潜在能力からは当然にできるはずのことまでもができなくなる、といったケースに最もよく表現されています。

また、「実際にトライはしてみたけれど能力不足で失敗してしまった」というような経験も、自分への否定的な評価からトラウマへと至る可能性を十分に含んでいると言っていいでしょう。

事実がどうかは別として、自分自身に対するネガティヴな評価と向き合うことを避けるために、少なくとも表面的にはそうした評価を承認してしまう。「どうせ自分が何をいったところで」などといった風に考えるという行為を回避するようになり、個別具体的な指示を待つようになる。そしてとうとう考えればわかるはずのことまでがわからなくなってしまう。

つまり、考えたくないという怠惰な意思によるのではなく、考えた結果として起こるネガティヴな状況を回避するために、潜在的なレベルで考えてもわからないはずだと信じてしまう。

「考えてはみましたけど、何をすればよいかが全然わからないんです」

このタイプに該当する人は、おそらくそんなことを頻繁に口にするでしょう。

あるいは、「私には無理ですから」という表現を用いるかもしれません。

少しずつ一緒に考える

このようなタイプのメンバーに対しては、考えることを回避する傾向にあるという事実を率直に告げ、共有することが大切だと私は考えます。

共有された事実が、当該メンバーとマネージャーにとっての「今ここという場所」、対話の起点を形成します。

その上で、具体的に何をすればよいのかを、つまりは「ｗｈａｔ」そのものを、時間をかけて丁寧に教えていくことになります。

具体的には、ゴールまでのプロセスを状況に応じて細かくブレイクダウンし、既に到達した地点と次の課題とを、質量それぞれの観点に留意しながら示していくこと。

「ここまでは理解してくれたと思うので、次はどうすればいいのかを一緒に考えてみよう」、そういった提案を現実に積み重ねていくことが求められます。

また、組織の状況が許すようであれば、期限付きという条件のもと、組織における役割を見直すことも十分検討に値するでしょう。

組織がそうしたメンバーの仕事から何らかの恩恵を受けている、そんな状況をつくり出すために、組織としてやらなければならない複数の仕事の中から、考える場面が相対的に少なくて済むような仕事を割り振る、などといった配慮も必要かもしれません。

そのような対応が、このタイプのメンバーに対する勇気づけです。

そうした勇気づけの繰り返しによって、当該メンバーから「自分で考える」という自己決定性を引き出すこと、それが私達の対話の最大の目標となります。

そしてそれは、他ならぬ私達自身にとっての自己決定性の問題でもあります。

図4

1-① 何をしてよいかが「わからない」

【タイプ】

・考えることを回避する（what の問題）

【対話におけるアプローチ】

・このタイプに該当している事実を共有する

・「わからない」もの（＝what）を正しく教える

・「一緒に考えている」という姿勢を示し安心感を与える

・必要に応じて役割の見直しなどを行う

②やり方が「わからない」【タイプ】選択することを回避する（ｈｏｗの問題）

実は選べない

このタイプに該当する人は、「何をするべきなのか、自分では一応わかっているつもりですが、どうすればいいのかがわからないんです」という趣旨のことをよく口にします。

例えば、「ある指標を対前年比で改善する」という組織課題は理解できていても、それを実現する手段についてはさっぱり思い浮かばず、結果的に指標の改善も実現できない、といったケースは、私達の日常において実に頻繁に見受けられるといっても言い過ぎではないでしょう。

しかしながら私は、何をすればよいのかがわかっている人は、少なくとも潜在的には、その実現方法についても理解できていると考えます。

ロンドンへ旅行したいと思った人が行き方がわからないから行くのを諦める、などと考えるのは余りに不自然だからです。では、どうして「わからない」と言ってしまうのでしょうか。

そうした発言の根底には、それを実現することによって生じる摩擦やトラブル、あるいは、自らが負うことになるかもしれない負担を何とかして避けたい、そんな心情が潜んでいるように私には思われます。

例えは古いですが、イソップ寓話の「ネズミの相談」の場合と構図は全く同じです。

つまり、このタイプのメンバーが本当にわからないのは、現実的に課題を解決する手段としての「ｈｏｗ」ではなく、それに伴う痛みを回避する手段としての「ｈｏｗ」のほうなのです。

先程ロンドンの例えを用いいましたが、やや距離がありすぎますので、東京から広島へ移動する場合に置き換えて考えてみます。飛行機を使えば実際の搭乗時間は短くて済む反面、乗り換えは多く、搭乗までの時間や空港から広島市内への移動時間など実際の拘束時間はかなり長い。他方、新幹線を使う場合、飛行機のようなデメリットは解消される反面、乗車時間が非常に長く腰痛の原因にもなり兼ねない。

そんな風に悩んだ人は次のように言うかもしれません。

「どうしてよいかがわからない」

みなさんも既にお気づきのこととは思いますが、このような場合に用いるべき正しい日本語は、「どちらを選べばよいのかがわからない」です。

少しずつ選んでいくために

このタイプに該当する人は、いくつか存在する選択肢の中からどれを選択するのがもっとも適切なのか、実はそれが決められずにいることを潜在的には理解していながら、なおも「わからない」と言ってしまう人なのだと私は考えます。

こっちを選べば、結果は出るかもしれないが摩擦が生じる。でも、あっちを選べば、摩擦もない代わりに結果も出ない。さあどうしよう、そんな具合に。

このようなメンバーに対する勇気づけは、現実に想定される可能性のすべてを共有し、その一つひとつについて、共に吟味していくこと以外にはありません。そうすることによって、例え潜在的にではあっても、当該メンバーが今まで選択することを回避してきた事実を顕在化させ、共有していく必要があります。

ある課題に対して、どのようにアプローチしていくべきなのか、そして、それを実行した場合にどのようなリアクションやハレーションが想定されるのか、更には、それらが実際起こった場合にどのように反応していくべきなのか。

選択するという行為への怖れを取り除き、現実に立ち向かう勇気を与えるために、マネージャーとしての私達が相手方となってシミュレーションを繰り返す、そうした取り組みも十分に効果的だと言えるでしょう。

そのような対話の際には、是非とも「自分だったらどう考えるか」という観点で、個々の選択肢に対するみなさん自身の態度を明確に示してください。そうした言葉の一つひとつが、このタイプのメンバーとの対話を更に効果的なものへと昇華させていくはずです。

対話の繰り返しによって、これらのメンバーから「選択する」という自己決定性を引き出すこと、それが新たなる「今ここという場所」への扉を開く鍵となります。

図5

1-② やり方が「わからない」

【タイプ】

・選択することを回避する（how の問題）

【対話におけるアプローチ】

・現実的に可能な複数の選択肢を具体的に示す

・そうすることで潜在的に選択を回避している事実を示す

・「共に選択肢を吟味する」姿勢を示す

・個々の選択肢に対する自らの態度を明確化する

③ 目的・背景が「わからない」【タイプ】同調することを回避するタイプ（ｗｈｙの問題）

素直になれなくて

これは、いわゆる「頭のいい人」に多いタイプなのかもしれませんが、何をすればよいのかも、その方法もわかっているのに、なかなか実行に移そうとしない人がいます。

そのようなメンバーは、「なぜそれをしなければならないのかがわからない」、そんなことを口にすることが多いように思います。

より現実的なシチュエーションをイメージします。

「おっしゃる通りこの指標を改善することは大切です。でも、他にもっと大切なことがあるように思います」、そんな「Ｙｅｓ，ｂｕｔ」の構図を私は思い浮かべます。

アドラーの著書『個人心理学講義』の中にも、このような「はい、でも」の言明をする人の例えが出てきますが、彼ら／彼女らが自らの意思で「しない」という結論を選択していることに、もはや疑いの余地はありません。つまり、このタイプに該当するメンバーは、与えられた課題に対して、どうして「それ」であるべきなのかが「わからない」という「ｗｈｙ」を表明することによって、その課題と向き合うことそのものを回避しようと試みます。

組織として目指すべき方向性に対して明確なNOこそ表明しないものの、明らかに同調すること自体を回避します。回避の理由は先に見たケースと同じです。同調することによって組織の方向性にコミットすること、別の言い方をすれば、「結果への責任」のシェアを回避しようと試みます。

「何となく腹に落ちないんですよねぇ…」などといった言明。

「いや、別に何かこれっていうものがある訳じゃないんですけど、何だかちょっと違うなって…」

といったような曖昧な態度。

これらはこのタイプの人に特徴的な発言です。同調しない理由は何でもよいのです。とにかく同調しないこと。「今ここという場所」を「いつかどこか」にすり替えようとする試み。それだけがこのタイプの人にとっては重要だからです。

具体的に、繰り返す

こうしたメンバーと向き合う際に留意すべき点は、当人が考える「大切なこと」について、常に具体的に話すことだと私は考えます。つまり、「何となく」を残したままで会話を終わらせるのではなく、「腹に落ちない」理由について質問し、具体的に説明を求めることが大切です。

もしかしたら対案のようなものを出してくるかもしれません。

その場合は、そちらのほうが重要だと思う理由について質問を重ねます。

そうした対話の繰り返しによって、メンバーが本当に対案を持っているのか、それともやはり、残念ながらこのタイプに当てはまってしまうのかを見極めます。本当に対案を持っているメンバーの発言は、巧拙こそあるかもしれませんが、基本的には首尾一貫した内容になっているはずです。

他方、このタイプに当てはまる場合には、メンバーから具体的かつ一貫した答えが示される可能性は極めて低いと言わざるを得ません。

その場合には、こちらから具体的な選択肢を示した上で、「この中では何が一番重要だと思うか」といった問いをぶつけることが効果的です。仮にそれらの中に答えがなければ、更に別の選択肢を用意して同じ質問を繰り返します。直ぐに答えが出なくても、諦めることなく何度も対話を繰り返します。答えが最後まで見つからないとしても、それはそれで構いません。

感覚的なＮＯには同調しない姿勢を毅然とした態度で示すこと。

他方、答えが思い浮かんだときはいつでも聞くからというスタンスを健全な形で維持すること。

難しいことであるのは疑いようのない事実です。

「ｗｈｙ」が常態化したメンバーとの対話において問われているのは、むしろ私達マネージャーにとっての自己決定性の問題だからです。前の二つのケースで見たような明るい雰囲気がどこにも見受けられないとしても、これも一つの勇気づけの形であることに変わりはありません。

どのような人にも相対的な高みは存在します。そして私達は常にそのような高みを目指します。

例えそれが「行きてまだ見ぬ山を」見るような行為だったとしても、です。

図6

1-③ 目的・背景が「わからない」

【タイプ】

・同調することを回避する（why の問題）

【対話におけるアプローチ】

・「大切なこと」について常に具体体に尋ねる

・答え（がないこと）に辿り着くまで繰り返し質問する

・感覚的な「必要がない」には同調しない姿勢を示す

・反面、門戸は常に開いていることを理解してもらう

☑ カテゴリー2「できない」

① 物理的に「できない」
【タイプ】忙しさを理由に行動を回避する（capacityの問題）

忙しいために忙しい

カテゴリー1で私達は、「わからない」という外形とともに登場する三つの「できない」の形についで見てきました。ここでは文字通り「できない」として登場する二つのパターンを対象として、その特徴を理解したいと考えます。

最初のターゲットは忙しさを理由とする物理的に「できない」です。

このタイプに当てはまるメンバーは、実際の繁忙度がどうであるかに関係なく、真に必要な行動を回避したいと考えたとき、常に「忙しい」と口にします。

組織として決定した方針に従い役割を付与したものの、進捗確認の度に「忙しくて」とできない理由を口にする、だが私には忙しい理由が見当たらない、確かに対話で目的を共有したはずなのに、そんな悩みを抱えるマネージャーは実に多いものと拝察します。

もちろん私もその中の一人です。

しかもこのタイプのメンバーは、本当に自分が忙しいと確信しています。役割を与える側の主観とは全く関係なく、自らの意思で時間や仕事に追われる状況を創り出しています。本人における自覚の有無は関係ありません。

どうしてそのようなことが起こるのでしょうか。

それは、次のような理由によるのだと私は考えます。

与えられた課題が真に必要なものであることはよくわかっている、けれど、一旦それに着手してしまえば今よりも忙しくなるのは火を見るより明らかだ、だから今それに着手することだけは回避したい、そう、私は今忙しい、だから今はそれに関わっている時間がない、もちろんそれが必要なことだとはわかっているのだけれど…

もしも本当に忙しくなくなってしまったならば、避けたいと思っている課題から目をそらすことができなくなってしまいます。だから常に忙しい状態が必要になります。それが無意識的な行動であったとしても、目の前にある仕事を最大限の時間をかけてこなすようになります。

かつてハードルの高い役割にチャレンジし、そして失敗した経験が、ともすると大きなトラウマになっているのかもしれません。

こうしたメンバーと向き合う際に、「忙しい」という本人の主張が言い訳に過ぎないなどと咎めることは得策ではありません。無実の罪で不当におとしめられた、そのようなことさえ感じてしまう可能性があります。

私は本当に悩んでいるのに、そう思ったとしても不思議はありません。

繰り返しになりますが、本人には回避の自覚がない場合がほとんどだからです。

まずは受け容れる

対話に臨む私達は、メンバーの心に深く存在するであろう心理的な脅迫と、まずは正対する必要があります。そして少しずつ、そうした負担感を取り除いていかなければなりません。

仮にチャレンジして失敗したトラウマがあるのであれば、例え失敗したとしても絶対に責めないというスタンスを明確に示すことです。

私が実際に出会ったメンバーの中に、過去に仕事でミスを犯したことがトラウマになって、必要以上に丁寧に仕事をしようとする余り、時間に追われる日々を送る羽目に陥っていた人がいました。

そのときの私が実行したことは、「ミスしてもいいよ」と言うことでした。

併せて、万が一トラブルに繋がった場合は、私が責任を取ることを明言しました。それ以外に特別なことは何もしませんでした。

正確性という呪縛からメンバーを解放すること。

私が目指したのはそれだけだったと言っても過言ではありません。

もちろん、一度言ったからといって直ぐに改善するはずがありません。それくらいで改善するのであれば既に何処かで変わっているはずです。

何度も同じ言葉を繰り返し、それでも難しい場合には、「説明のための付箋は禁止」であるとか「お客様との打合せ記録は長くても五行以内に収める」といったように、具体的な指示の形に対応を切り替えました。「劇的に」とまではいきませんでしたが、それでも一定の改善は図られたように私自身は思っています（無論、思い込みの可能性も否定しません）。


ここからは明らかに余談です。

このタイプのメンバーに出会ったとき、私はほぼ必ずといってよいほど、次のような質問を投げかけます。


大好きなアーティストのライブがある日に残業しないのはなぜか？


その日の朝、メンバーは「今日は絶対に五時に会社を出る」と心に誓います。

そして、いつもよりも明らかに効率的に、抜群の集中力を持って、一つひとつの仕事を手際よく処理していきます。

今日中にやるべきことと明日以降でかまわないことの見極めもしっかりと行います。

ライブがない日にできないのはやはり心の問題である。

そう言い切ってしまうのは少し厳し過ぎるでしょうか。

図7

2-① 物理的に「できない」

【タイプ】

・忙しさを理由に行動を回避する（capacityの問題）

【対話におけるアプローチ】

・決して咎めたりはしない

・「正確さ」に関して求めるレベルを引き下げる

・上記の引き下げに際して具体的な内容を明示する

・トラブルに繋がった場合は自ら責任を取る姿勢を示す

②　能力的に「できない」【タイプ】劣等性を理由に努力を回避する（ａｂｉｌｉｔｙの問題）

先に自分で言ってしまう

本章の冒頭で、私達にとっての「できない」が適切な勇気づけを欠いた状態である、という前提について触れました。このことは、そうした「できない」が明らかに能力を欠いた状態（＝劣等性を抱えた状態）にあると認めるのではなく、あくまでも理想と比較した場合に生じる差分に過ぎない、とする私達の立場を端的に表すものです。

しかしながら、このタイプに該当するメンバーは、「できない」ことの原因を、どこまでも自分の能力不足に求めます。能力的には十分なものを備えているにもかかわらず、劣等性を理由として「できない」と言ってしまうことに慣れてしまっています。

もちろん、それは意図的なものでは決してありません。

子供の頃に「あなたは足が遅い」と指摘されたことがトラウマとなっている場合や、大事な試験に失敗したせいで「自分は勉強が苦手だ」と信じ込んでいるような場合、あるいは、知識不足から犯した仕事上のミスを能力不足が原因だと指摘されたような場合など、背景には様々な事態が存在していると思われます。

相変わらず例えは古いですが、舞踏会に行くことを躊躇したシンデレラや、アンデルセン童話の「みにくいあひるの子」などもこのタイプに当てはまります。

私達の日常において生じる出来事が自分の力を遥かに超えている、そんな風に感じる経験は誰の身にも起こることだと私は考えます。ですが、そのような場面にあって簡単にチャレンジを諦めてしまうのか、それとも、ダメかもしれないと思ってもまずは挑戦してみるのか、その選択は個人によって大きく異なるように思います。

そしてこのタイプのメンバーは明らかに前者に該当します。

心のメガネを外す

何かのテレビ番組で、誰からも「かわいい」と言われた経験がなく恋愛に対しても臆病になっていた女子が、密かに好意を寄せていた男子から「あれ、メガネ取ったら意外とかわいいじゃん」と言われて急激に恋に目覚めていく、そんなストーリーを目にした記憶があります。このとき「彼女が外したものは、実際のメガネであると同時に、「心のメガネ」でもあったのだと私は考えます。

そしてそれは、このタイプのメンバーとの対話において、私達の一義的な目標と重なります。

実際に職場の女性に対して同じことを口にするのはセクハラに該当する可能性があるのでお薦めしませんが、例え話としての「メガネ取ったら意外とかわいいじゃん」は、十分に有効なツールとなり得ます。

目の前にある課題に対して臆病になっているメンバー。

私達は、そのようなメンバーに対して、課題を到達可能なレベルに細分化した上で提示することになります。その一つひとつについて、「心のメガネ」となっているものが何なのかを一緒に考え、それを外すための勇気を身につけられるよう鼓舞し続けます。

一足飛びに解決することはおそらくありません。

少しずつ、地道な作業の繰り返しによって、「できる」領域を広げていく、そのためにどのようなハードルを設置するのか、そこが私達の腕の問題になります。

私個人について言えば、このタイプのメンバーとの対話においては、曖昧さを極力排除することを心掛けています。

例えば、「どうせ私は頭が悪いから勉強してもダメなんです」といった文脈で、「できない」理由を語ろうとするメンバーがいたとします。そんなケースに出会ったとき、私は当該メンバーが考える「頭が悪い」について、具体的に教えてもらうよう依頼します。そして納得がいくまで質問を繰り返します。もちろん私自身は、「あなたの頭が悪いとは決して思っていない」というスタンスを対話の冒頭に示します。

次に議論すべきは「ダメ」についてです。

この言葉は様々な具体的事実を一瞬にして曖昧さの中に包み込んでしまいます。

つまり、私達マネージャーにとっては一番の敵に当たる言葉です。「頭が悪い」の場合と同様に、具体的な事実を納得がいくまで確認し、メンバーと共有するよう努めます。

そのような対話の先に、例え一センチでも一ミリでも成長した姿がある。そう心に強く信じて、メンバーとの対話を繰り返します。

図8

2-② 能力的に「できない」

【タイプ】

・劣等性を理由に行動を回避する（ability の問題）

【対話におけるアプローチ】

・「心のメガネ」を外してもらう
・課題を到達可能なレベルに細分化し継続的に提示する
・メンバーが考える「できない」理由を具体的に考える
・曖昧さを排除し、具体的な事実を確認し共有する

☑ カテゴリー3「気がない」

① その「気がない」【タイプ】不一致を理由に行動を回避する（ｐｒｉｏｒｉｔｙの問題）

質だけではなく量が問題となる

これから見ていく「気がない」は、今までの「わからない」や「できない」に比べて、より複雑な形を伴って現れる、と言うことができます。

例えば、物理的な「できない」が主に自らの能力の多寡に関わる「量的な問題」だったのに対し、ここでいうその「気がない」は、真に必要な行動が他にあることを装うといった「質的な問題」を提示します。加えて、その「気がない」は、一見すると目的・背景が「わからない」と極めて近接した外観を示しているように、私達の目に映ります。

両者の違いは自覚の有無と質量の問題から理解することができます。

つまり、目的・背景が「わからない」メンバーは、基本的には無自覚のまま、真に必要な行動を回避する理由をどこかに見出しています。他方、その「気がない」の場合は、常に自覚的に、真に必要な行動が他にあると「見せかける」ことによって本来の行動を回避しようとします。

別の言い方をすれば、「今ここという場所」と正対することから逃れるために、「いつかどこか」にｐｒｉｏｒｉｔｙを見出そうと試みる人です。

常に誠実な努力を回避しようとする人。

やりたくないために「やりたくない訳じゃない」ことを理由にする人。

目的・背景が「わからない」メンバーは、ある意味ではとても真摯に、回避に値するだけの別の理由を見出そうとしています。

しかしながら、その「気がない」人は、「今ここという場所」を目の端にぼんやりと眺めつつ、それでいて確信的に、どこか別の場所を目指そうとします。そしてそれは必然的に、どこにも存在しないはずの場所を示しています。

一見すると目的・背景が「わからない」のようなパターンが繰り返し登場します。

そうした繰り返しという「量的な問題」によって両者が全く別のものであるという「質的な問題」を理解する。

両者は明らかにそのような相関関係にあります。

したがって、こうしたメンバーとの対話は、必然的に、より高度なマネジメントのステージへと私達を導きます。

つまり、たった一度の対話でその「気がない」を発見することは、まずもって不可能です。

誤差を見逃さない

大切なのは対話の反復とそれによって生じる「誤差」です。

ある種の見せかけ、あるいは、はぐらかしのようなものを、完璧な形で、かつ長い期間に渡って繰り返すことにはかなりの困難が伴います。

アドラーの分析によって、神経症患者には「今のこの症状が改善したら何をしたいとか」という質問への回答を避けようとする傾向のあることが示されています。このタイプのメンバーが神経症を患っているなどというつもりは全くありませんが、非常に似た傾向を示すという点は正しく認識しておくべきだと考えています。そうした傾向がまさに誤差を生み出す理由になるからです。

そのような誤差を発見するために、つまりはその「気がない」の存在を特定するために、私達にできることはやはり対話の繰り返しです。

メンバーが考える「真に必要なこと」と、組織にとって真に必要なこととの間に僅かな不一致を見出し、それが回避の理由になっている可能性を提示する。

最初は単なるｐｒｉｏｒｉｔｙの相違であるかのように理解される出来事が、実は常に不一致を見出そうとする動機によって生じたものであることを、僅かな誤差を積み重ねることによって特定していく。

例えば、組織として真に必要な取り組みに対して、「これは自分（のように価値のある人間）がやるべき（レベルの低い）ことではない」という理由づけをするメンバーがいたとします。

しかしながら当人は、実際に取り組んでみて失敗した場合に、（高いと思っている、ないしは、高いと信じたい）自らの価値が低下することを何としても避けたいのであって、他にやるべきことがあると本当に思っている訳ではありません。

そのようなメンバーに対して、「自分がやるべき（だと考える）こと」の具体的な内容について何度も質問を重ねた場合、その答えはおそらく、対話の度に微妙なニュアンスの違いを伴うことになると私は考えます。私達が見逃してはならないのはまさにそのような誤差です。

無論、こうした対話の形式は大変な忍耐力を私達に要求します。

最終的には「辻褄が合わなくなる」ところまで、長い時間をかけてやっと辿り着くという場合も十分にあり得ます。それを可能にするものは、これまで繰り返してきた通り、他ならぬ私達自身の勇気なのだと確信しています。

つまり、問われているのは私達自身の「その気」なのだということです。

なお、これはあくまでも私の経験則であって、専門的な意見では全くありませんが、親や学校の先生が厳しい環境において、「優等生」として過ごしてきた（あるいは、そう過ごすことを余儀なくされた）人の中に、その「気がない」を見出すケースが多いように感じています。

おそらくは、「自分がやりたいこと」よりも「自分が評価されること」を優先してきた歴史が影響しているのではないかと推測しています。

図9

3-① その「気がない」

【タイプ】

・不一致を理由に行動を回避する（priorityの問題）

【対話におけるアプローチ】

・「認識の相違」を注意深く観察し記録する

・上記データに潜む「誤差」の存在を発見する

・常にメンバーにとってのpriorityが何なのかを問い続ける

・長期に渡って継続する対話への忍耐力を身につける

② やる「気がない」【タイプ】意思を理由に行動を回避する（mentalityの問題）

やりたくないからやらない

さて、いよいよ最難関のやる「気がない」まで辿り着きました。

非常に厳しい言い方をすれば、このタイプに当てはまるメンバーは、何らかの理由から、人生の正しい目標を追求することを諦めた（ないしは、諦めている）人です。真に必要な行動を回避するに当たって、文字通り「やる気がない」という以外の理由を提示することのない人です。

しかしながら、これを注意深く見ていくと、私達は大きく分けて二つのパターンが存在していることに気がつきます。

つまり、「何を、どのように、なぜ」といったカテゴリー1の課題をきちんと理解しており、かつ、忙しい訳でもなく、やろうと思えばできるのに（＝カテゴリー2の課題も克服できている）、自身の「生き方」の問題として「やらない」と決めているパターンと、二つのカテゴリーの課題はクリアしているとの前提は同じくしながらも、面倒だから、やりたくないから「やらない」パターンとの二つです。

もう少し噛み砕いて言うと、前者は人生における仕事の位置づけがさほど高くはない人のことを指します。他者貢献の意識は一応備えているものの、その質量を大きくしようとまでは考えない人のことです。

こちらのパターンの場合はあまり心配することはないように思います。メンバーの人生における仕事（ないしは、働くこと）の位置づけを確認し、それに見合った役割をきちんと付与することで解決できると考えるからです。

他方、後者の場合は、そもそも他者貢献の意識（＝共同体感覚）を欠いている、ないしは、組織で仕事をする際に必要な最低限の共同体感覚を欠いている人のことなのだと私は考えます。

見事なまでの自分中心主義。つまり、自分自身の快・不快と、組織にとってのそれとを、有機的に結び付けることができない思考パターン。

行動回避の理由が、当人の「人生観」や「精神性」そのものに関わるという観点から、私はこのやる「気がない」を「ｍｅｎｔａｌｉｔｙ」の問題と位置づけます。

何だかモチベーションが上がらないんですよね

それって本当に私の仕事なんでしたっけ？

それって意味ないと思うんですよね

何か違うんですよね、何が違うのかはよくわかんないんですけど

上手く言えないんですけど、なんか好きじゃないんですよね、今の感じ。

これらは全て、私が実際に出会ったことのある言葉です。

私のモチベーション、私がやるべき仕事かどうか、私にとっての意味、私にとっての不快。

こうした言説には明らかに共同体感覚が欠けています。

私達にとって最も難易度の高い対話のターゲットは、したがって、そのような共同体感覚の欠落に対してどのように対峙していくのか、という問題と重なります。

内なる勇気の問題

こうしたメンバーとの対話は、私達に対して、内なる闘いを要求します。

アドラーの分析に従えば、共同体感覚の欠落は、ほぼ必然的に、他者への関心の欠落と結び付きます。そこには常に敵対的な雰囲気が存在し、心の次には言葉を閉ざし、最終的には有意義な人間関係の可能性を閉ざすことになります。そのようなメンバーは、既に「そうする以外に方法がない」状況に追い込まれているのであり、課題を突き付けるような行為は明らかに逆効果となります。

したがって、まずは私達自身が、共同体感覚を、正しいライフスタイルを獲得するための努力を実践すること。そしてそれを毅然とした態度でメンバーに示していくこと。

これが私の言う「内なる闘い」の意味に他なりません。

そこには、あたかも終わりなき旅を続けるかのような忍耐と自制が必要とされます。

それでも、本当に終わりなき旅の途上にあるのだとしても、私達には、「自らの歩みを止めない」という選択以外には何ものも残されていないように思います。

メンバーに働きかけるのはそれからです。

勇気づけの前提としての「内なる闘い」。

その上で他者貢献の意義について語りかけていくこと。

真の自己の利益は組織の利益の上にしか成り立たないと確信し、それを丁寧に説いていくこと。

メンバーとの対話を諦めることは私達自身の可能性を諦めることと同じです。そのように信じて対話を繰り返していく。そんなマネージャーでありたいと常に自らに言い聞かせながら。

おそらく対話はすれ違いの連続になるものと予想されます。

ですが、「容認はしていない」という姿勢だけは明確に示しつつ、役割付与に際して必要な場合には職権を利用した指示も検討していくべきだと考えます。

好んで使いたいとは思いませんが、強制力の行使というものもマネージャーに与えられた武器の一つではあるのです。


なお、本書の趣旨から今回は言及しませんでしたが、やる「気がない」と同じ根を持つ問題性として、誤った「できる」（という自己認識）の問題があると考えています。

つまり、他者の視点で見れば「できていない」にもかかわらず、自分では「できる」と誤認しているようなケースです。

それについてはいつか場所を改めて検討したいと考えています。

図10

3-① その「気がない」

【タイプ】

・意思を理由に行動を回避する（mentalityの問題）

【対話におけるアプローチ】

・自ら正しい人生の目標を獲得すべく努力する

・上記努力の継続をメンバーに対して毅然とした態度で示す

・「忍耐」と「自制」がカギであると正しく認識する

・他者への貢献の意義について語りかける

☑ カテゴリー4「その他（あれば具体的に）」

どうにもならないことは受け容れる

これまで私達は、三つのカテゴリーの「できない」を考察してきました。

このカテゴリー4における「できない」は、それらとは明らかに性質が異なるもの、つまりは、当該メンバーの内面に起因するものではなく、外的な要因によって規定されるという点で全く別のものだと言うことができます。

具体的に想定しているのは、本人の病気や親の介護、結婚、子育てなどといったライフイベントに当たるものです。そのようなケースにおいて、メンバーは、自らの意思とはほぼ関係なく、期待される役割に対して（現実的に可能な範囲まででしか）「できない」と言わざるを得ません。

幸いにして私はまだ経験していないのですが、親の介護が必要な場合には通院による休暇、残業時間の制限などが求められます。あるいは、精神的な負担感という観点からも様々な配慮が必要となります。それは育児についても同様です。そうした事情を抱えたメンバーは、本人の他者貢献の意識にかかわらず、思っていることの全てを実現するのは物理的に不可能です。

厳しい見方をする人の中には、例えどのような事情があるにせよ、そのような人生の選択をしたのは他ならぬ本人なのであって、必ずしも好意的に受け止める必要はない、と考える方も一定程度いらっしゃるかもしれませんが、少なくとも私自身は、今のところそうした立場には与したくないと考えています。なぜならば、親の介護も子育ても、今や個人というレベルを超えた私達の共同体全体に関わる問題だからです。それ自体が一つの共同体感覚の発現に他ならないからです。

このようなケースに出会ったとき、マネージャーにできる唯一のことは、そうした事情をあまねく受け容れることである、と言い切ってしまってよいと考えています。

ですが、それは「何もしない」ということでは決してありません。現状を受け容れ、対話によって当面の「できる」範囲を確認し、共有すること。それはまさに当該メンバーとの「今ここという場所」の共有です。有難いことに、そうしたメンバーには他者貢献の意識が備わっています。したがって、然るべき時期が訪れ、外的要因が解消したあかつきには、自らの意思で真に必要な行動を実践に移していくことでしょう。

私はかつて、最大で五人のワーキングマザーを部下に持ったことがあります。そのときの経験から、制限のある状況下においてもなお、対話を重ねることの必要性について実感しています。

時として周囲に対する自責の念にかられるメンバーも多い中、「未来に対して恩を返していく」という発想でよいのだと説くこと。そのような経験を重ねなければ気づかない地平が必ず存在しており、それを組織に還元することには大きな意味があると伝えること。

私がしたのはそれくらいのことですが、五人のメンバーはそれぞれに、組織への貢献のあり方を意識してくれていたように思います。
これからますますそのようなケースに出会う機会が増えていくことと思いますが、常に現時点における「ベスト」を共有すべく、対話を続けていきたいと考えます。

改めて整理する

さて、私達は今、「違い」のマネジメントの出発点である「できない」の形について一定の理解を得ました。改めて、七つの小カテゴリーを特徴づけるタイプと問題性について整理します。

1―①　考えることを回避するタイプ（ｗｈａｔの問題）
1―②　選択することを回避するタイプ（ｈｏｗの問題）
1―③　同調することを回避するタイプ（ｗｈｙの問題）
2―①　忙しさを理由に行動を回避するタイプ（ｃａｐａｃｉｔｙの問題）
2―②　劣等性を理由に努力を回避するタイプ（ａｂｉｌｉｔｙの問題）
3―①　不一致を理由に行動を回避するタイプ（ｐｒｉｏｒｉｔｙの問題）
3―②　意思を理由に行動を回避するタイプ（ｍｅｎｔａｌｉｔｙの問題）

こうして見てみると、これら七つの「できない」はいずれも、何らかの問題性によって真に必要な行動を回避しようと試み、しかもその問題性のレベルは、各カテゴリーに付された数字とまるで比例するかのように複雑化していることがわかります。

また、本章の冒頭に四択問答という言葉を用いましたが、続く実践編では、まさにこの四択問答を活用しながら、個々のメンバーとの対話を行っていきます。

対話が適切になされている場面、あるいはそうでない場面、いずれの場面にも遭遇されることと思いますが、是非とも「ご自身だったらどうするかという」観点で読み進めてください。

価値観の多様性の話をしました。

多様なる価値観を受け容れたときには必ず、見解の相違が生まれます。

見解の相違とは摩擦のようなものだと私は考えます。

摩擦は熱を生み出します。

そしてその熱は、私達の対話にとって明らかに有効なエネルギーとなります。

どうかたくさんの熱を生み出してください。

そしてたくさんの対話を重ねてください。

なお、カテゴリー4についてはその性格上記載を割愛しています。

本書の趣旨に鑑み、どうかご容赦いただければ幸いに存じます。

第三章　「できない」を対話する

――「違い」のマネジメントの実践

さて、いよいよ実践編です。

本章には、夫々君、今寄さん、多少君という三名の社員が登場します。いずれも同じマネージャーのもとで働くメンバーで、誰もが固有の「できない」をそれぞれの事情の下に抱えています。

マネージャーは、対話を通じて三人が立っている「今ここという場所」を共有し、一人ひとりが個別に抱える「できない」を発見しようと試みます。

前章で見た七つの「できない」（前章の終わりで述べたようにその他については除きます）のうち、一体どのタイプが登場してくるのか、マネージャーとの対話を通じて見えてくるものの正体に是非着目してください。

また、個々の対話の後には、重要なポイントを抜き出し、そこに私なりの解説を加えます。

一見何気ない会話のように見えるやり取りの中にも実は重要な意味が含まれている、そのような雰囲気をできるだけ言葉に落とし込みたいと思っています。

良い意味でも悪い意味でも、それらの内容について感じるところが多々あることと拝察しますが、是非を論じるよりはむしろ、みなさんの実践への叩き台としていただくことを強く望みます。

答えは見る人の数だけ存在します。

そして同じだけ摩擦が生じることになります。

私はそこで生まれる熱のことを想像します。

いつかその熱に身を委ねる日が来ることを心から望んでいます。

☑ 夫々君の場合（ケース①）

【対話編】

夫々君は現在三十二歳、入社十年目を迎えています。

お客様対応がメインの今のセクションに異動してまだ三ヶ月、それまでは内務部門でずっと勤務していたため、いわゆる現場の仕事についての知識はまだまだ不十分な状況にあります。

それでいて、夫々君のような年次の社員に期待される役割は当然にチームリーダーとしての業務を全うすること、その上でマネージャーを補佐し組織マネジメントの一端を担うこと、の二つだと考えられています。

いきなりチームリーダーの業務を任せるのは荷が重いかとも思いつつ、同年代のメンバーと比較して人事考課の際に不利に働いてはいけないという親心もあり、折衷案的な判断ではありましたが、担当者・チームリーダー双方の業務を各々五〇％の割合で担ってもらっていました。

しかしながら、夫々君は正直なところ苦戦が続いています。

マネージャーもそのことは認識していましたが、本人のプライドにも鑑み、切り出すタイミングを見計らっていました。

やがて周囲のメンバーから、夫々君への不満の声が数多く寄せられるようになり、いよいよ無視できないシチュエーションが訪れました。

主な不満の内容は、夫々君の対応がいつも四角四面で柔軟性に欠けるというものでした。お客様からの問合せや周囲のメンバーからの相談に対しても、いつも決まりきったことばかりを答える、そのような対応であれば相談する意味がない、マネージャーにはそんな声が多く寄せられました。

最初の対話はそのような背景の下で行われます。

「夫々君、ちょっといいかな？」

「はい。何でしょうか？」

「できれば別室で話したいんだけれども、大丈夫かな？」①

「はい」不安気な表情で夫々君は会議室に入ります。

「今日の目的は、夫々君の仕事の現状を確認し、仮に解決すべき課題があるのならそれを共有し、一緒に取り組んでいく、そのための打合せだと思ってほしい」①

「何か問題がありましたか？」

「周囲のメンバーが夫々君のことを少し心配している、それは事実だ。でもだからといって、君が悪いとか、何か問題があるとか、そんなことを言いたい訳じゃない。まずはメンバーの心配を解消すること、それが現状の改善に繋がればなおよし、少なくとも僕はそんな風に考えている」②

「わかりました」

「初めに確認したいのは、相談を受けた際の対応について」

「はい」

「表現は難しいんだけど、夫々君の回答がいささか固いというのか、痒いところに手が届かないというのか、そんな風に感じているお客様やメンバーが何人かいるようなんだ」

「はい」

「何か自分で思い当たることはあるかな？」

「もしかしたら間違っているかもしれませんが…」

「全然構わないよ」③

「ありがとうございます。実は今寄さんから相談を受けた時に、確か同じようなことを言われたと記憶しています」

「できるだけ具体的なエピソードを教えてもらえると大変ありがたい」④

「はい。今寄さんがお客様からちょっとイレギュラーな相談を受けて、自分では判断が難しいからということで私に相談に来ました。たしかに判断に迷う内容だったので私もすぐには回答することができず、ちょっと時間がほしいと言いました」

「それから？」

「私なりにマニュアルや社内の照会応当の事例などを調べて、それから今寄さんに私なりの回答を伝えました」

「ちなみにどんな回答をしたのかな？」

「結局はマニュアルに書いてある通りの答えになりました」

「なるほど」

「それがいけなかったのでしょうか？」

「回答の内容そのものに関しては、僕が君の立場だったとしても同じことを答えたと思う。実際はそこまで確認していないけど、今寄さんにしても、回答の内容そのものが不満だという訳ではないように思う」

「はい」

「ではどうして不満に繋がってしまったのか。問題はそういうことになるね」⑤
「はい」

「夫々君はそれについてどう思うだろうか？」

「単に結論だけを伝えてしまっていて、どうしてその結論に辿り着いたのかといった、考える過程を説明していなかったことがいけなかったのかもしれません」

「たしかに、そういった思考の背景のようなものをちゃんと説明しないと、相談した側は消化不良になる可能性があるね。それ以外には何かないだろうか？」⑥
「他の理由ですか…」

「思い当たるものはない？」

「はい…」

「これはあくまでも僕の推測に過ぎないので、間違っていたら遠慮なくそう言ってほしいんだけど、夫々君が回答した内容は本当に適切だったのか、僕が言った適切ということの意味は、真に担当者が求めている回答と一致していたかどうか、ということなんだけど、実際のところはどうだったんだろうか？」

「そうではないかもしれません」

「だとすると、そうではないと思う理由について詳しく教えてくれるかな？」

「お恥ずかしい話になってしまいますが…」

「ここには君と僕しかいないし、二人の話を誰かにするつもりもないから、その点は全く心配する必要はないよ」

「ありがとうございます。正直に言いますと、自分の仕事に自信が持てないんです。間違った答えを出してしまうのが怖いというのか、上手くは言えないんですけど…」

「マニュアルに根拠を求めてしまい、そこに書いていない事柄を、自らの判断で結論に変えていくということができない？」②

「おっしゃる通りです」

「もちろんプロセスの説明不足という問題もあるかもしれない。それはそれで大事な問題だと僕は思う。けれど、今の夫々君にとって一番大切な課題は、今言ったように自分なりの答えを見出していく勇気が足りないということのように思う」③

「はい」

「間違うのが怖いからといっていつまでも避けてはいられない。どうやったらそれを克服することができるのか、そこを一緒に考えていかなければならないね」

「そう思います」

「夫々君はどうするのがいいと思う?」

「まずは業務知識をしっかりと身につけることだと思います」

「僕もその通りだと思う。そうだとすると、これからどんな風に知識習得を進めていくのか、方法やスケジュールなんかも具体的に共有したいと思うんだけど、どうだろうか?」⑦

「わかりました。追って自分なりにプランをつくってみますので違和感があればまた教えてください」

「そうするよ」

「ありがとうございます」

「ところで、今のままチームリーダーの仕事を続けるのは負担ではないかな?」④

「それは、そうしないほうがいいということでしょうか?」

「いや、あくまでも君自身にとって、担当者の仕事に専念するほうがスムーズに知識を習得できる、というのであれば、それも選択肢の一つとして検討に値する、そういう意味で言っている」

「お許しいただけるのであれば、早急にキャッチアップするよう努力しますので、チームリーダーの仕事も続けさせていただきたいと思います」

「許すも何も夫々君にとって一番良い方法が何かという問題だから、今の話がベストの選択ならば僕として特に言うことはない、というか、できればそう言ってほしいと思っていた」

「ありがとうございます」

「僕もできるだけサポートしていくつもりだから、何かあればいつでも、遠慮なく話してほしい。僕からも声をかけるつもりではいるけれど。それと、今寄さんには今日の話をフィードバックする必要があるんだけど、どう話すかはある程度任せてもらってもいいかな？」

「はい、お任せします」

「じゃあ、また一緒に頑張っていこう」

【解説編】

既にみなさんもお気づきの通り、夫々君は、自分自身の経験不足から間違った答えを出すことを怖れるあまりマニュアルに根拠を求める、つまり、真に正しい答えについて考えることを回避するタイプに当てはまります。

その点を踏まえたマネージャーの対話はいかがだったでしょうか？

以下、このタイプに当てはまるメンバーとの対話において、必要不可欠なアプローチに該当する部分は点線で、補足的な観点で重要と思われる部分については点線で、解説を付していきます。

これは全ての解説に共通の手法ですのでご理解をお願いします。

○波線部①

「一緒に取り組んでいく、そのための打合せだと思ってほしい」

何をしてよいかが「わからない」メンバーとの対話においては、マネージャー自らが、「一緒に」考えるという姿勢を明確に示す必要があります。この発言はそのような姿勢を明示するとともに、対話の目的についても明らかにするという効果を有しています。

したがって、対話のできるだけ早い段階でそうした趣旨の発言をすることが、より大切になってきます。メンバーにとっての「安心感」がここでのキーワードです。

○波線部②

「マニュアルに根拠を求めてしまい、そこに書いていない事柄を、自らの判断で結論に変えていくということができない？」

疑問文の形式にはなっていますが、この発言は夫々君にとっての課題、つまり、夫々君にとって「わからない」ものを具体的に示唆しています。

このタイプのメンバーが回避する対象は、前述の通り「考える」という行為そのものですので、独力で「わからない」ものの正体に気づく可能性は低いと言うことができます。

できるだけ具体的な形で課題を示すことができれば、効果は一層大きくなります。

○波線部③

「今の夫々君にとって一番大切な課題は、今言ったように自分なりの答えを見出していく勇気が足りないということのように思う」

これも点線部②と同様に、夫々君にとっての「わからない」の正体を示す発言であると同時に、彼がまさに「自分なりの答えを出す」という行動を回避している事実、つまり、何をしてよいかが「わからない」に該当するという事実を示しています。

そこに回避の事実があるということの共有。

それが今回の対話における「今ここという場所」として機能します。

率直に伝えたことによって起こる影響（摩擦）を想像し二の足を踏んでしまう場合も少なからずあるのではないかと思いますが、少なくとも私個人としては、然るべき自らの覚悟とともに、率直に伝えるのがベターだと考えています。

つまり、究極的にはマネージャー自らの勇気の問題だということになります。

○波線部④

「今のままチームリーダーの仕事を続けるのは負担ではないかな？」

課題の解決に当たって、マネージャーは「役割の見直し」ということも選択肢の一つに入れておかなければなりません。

もちろん、対話の目的は夫々君が抱える課題の解決であり、役割の見直しは、あくまでも手段の一つに過ぎない訳ですが、手段と目的の転倒に留意する必要があることは、みなさんもお気づきの通りと思います。

周囲の想いとのバランスの中で、難しい選択であることは論を待ちません。

今回の対話を終えた段階では、夫々君の意を汲んで役割の見直しを実施しませんでしたが、効果が明らかに期待できない場合には、毅然たるマネージャーの決断として、見直しを実施する必要があるものと考えています。

◇点線部①

「できれば別室で話したいんだけれども、大丈夫かな？」


言わずもがなの話ですが、この手の対話は個室で行うに限ります。

あらゆるメンバーにそれぞれのプライドがあります。

そんなプライドを踏みにじる権利は私達の誰にもありません。

◇点線部②

「少なくとも僕はそんな風に考えている」

これは対話に臨むに当たっての自己開示の問題です。

対話の必要性がなぜ生じたのか（＝周囲の心配）、そのことついてマネージャーとしてどのように考えているのか（＝夫々君が悪いと思っている訳じゃない）、そして、今回の対話をどういう方向に持っていきたいのか（＝周囲のメンバーの心配を解消すること、それが現状の改善に繋がればなおよし）、そうした課題に対するスタンスを明確に示すことによって、返報性の原理に基づく効果的なフィードバックが期待できます。

良いことも悪いこともありのままに開示すること。

マネージャーとしての想いを、自分の正体を、隠すことなく開示すること。

つまり、メンバーは「知らない人にはついていかない」のだと心得ること、に他なりません。

◇点線部③

「全然構わないよ」

自己開示の次に考えるべきことは自己相対化です。

この発言によってマネージャーは、例え夫々君がどのような答えを提示したとしても、つまり、どのような自己を開示したとしても、フラットに受け容れるというスタンスを明示しています。

ともすると私達は、「それは違う」、「だとしたらこれはどうなるのか」などといった言葉を用いて、受け容れるよりも先に自らの価値観を押し付けてしまいがちです。

ですが、まずはぐっと堪えて、勇気を持って評価を留保してみましょう。

そうすることによって初めて見えてくる風景が必ず存在するはずです。

◇点線部④

「できるだけ具体的なエピソードを教えてもらえると大変ありがたい」

意外と見落とされがちな点ですが、具体的な事実に基づかない会話は時として極めて空疎なものになってしまいます。

時間がかかる話ではありますし、メンバーの精神的な負担感が増加する可能性もありますので、難しい部分もあるのですが、それでもやはり、一つひとつの事実をつぶさに確認し、問題性の有無を判断し、問題がある場合にはその真因を分析する、そんなことの積み重ねによってしか解決することのできない課題が存在します。

想像力や想い、未来への志向といった観念の効果を私は当然に肯定しますが、その根底には常に事実があるべきだと思っています。

◇点線部⑤

「ではどうして不満に繋がってしまったのか。問題はそういうことになるね」

対話の時間が長くなってしまうと、論点が散逸してしまうリスクが生じます。

そうしたリスクを回避するために、タイミングを見計らって論点を整理することも、私達に必要とされるスキルの一つなのだと考えます。

対話の終わりの場面になって初めて課題認識のズレが判明した、などの事態を回避するためにも、こうした確認が大切なのだと実感しています。

◇点線部⑥

「それ以外には何かないだろうか？」


本書のような「できない」を抱えたメンバーは、その根底に何らかの精神的な要因を抱えているため、初めから全ての問題意識を開示しないケースが多いと言えます。だからといって、必ずしも隠そうとか、誤魔化そうとか、そういうことを意図しているわけでもありません。

必要なのは「きっかけ」や勇気のようなものです。敢えてこちらから問い掛けることによって、メンバーは勇気の扉に手を掛けることができるかもしれません。

◇点線部⑦

「方法やスケジュールなんかも具体的に共有したいと思うんだけど、どうだろうか？」


対話の後に、次に辿り着くべき「今ここという場所」を共有するためには、確かな形で目にすることのできるマイルストーンが必要となります。

どのような方法で、いつまでにそこへ辿り着くのか。

そこまでの内容を具体的に共有することができなければ、せっかくの対話も画で餅を書いただけの結果に終わってしまうかもしれません。

なお、箇所が複数ある関係で点線を付しませんでしたが、みなさんも既にお気づきの通り対話の基本的な部分は「マネージャーからの問い掛けに夫々君が答える」という形を採っています。

このことは、自己決定性の引き出しという観点で大きな意味を持っています。

一般に、私達は他人から与えられた言葉に従うよりも、自ら発した言葉のほうに責任を持つ傾向があります。

日常の対話において、他者への貢献、組織への貢献などといった、大上段に構えた話をするのは必ずしも容易なことではありませんが、例えば「今この組織にとっての全体最適は何だと思うか」といったような文脈を用いながら議論することだけでも、十分に効果的であると考えます。

ただ、一点だけご注意いただきたいのは、このような対話の形式には、いわゆる「クローズド・クエスチョン」のリスクが常に伴うということです。

メンバーを責めることなく、ましてや糾弾するのでもなく、ただ自己変革のための気づきとなることを願う、そのような私達の覚悟とリスクの大きさは、明らかに反比例の関係にあります。

問われているのはやはり、私達にとっての勇気の問題なのだということです。

☑ 今寄さんの場合（ケース②）

【対話編】

今寄さんは入社六年目、二十七歳の女性です。

職場では中堅社員としての実力を十分に発揮し、そう遠くない将来にはこの組織において中心的な役割を担ってほしいとも期待されています。

反面、判断が難しいケースなどに出会った際には他責を求める傾向の強くなることが彼女の課題であり、夫々君とのコミュニケーションの場面においても、「半ば判断を押し付け、でも結果が気に入らなければ責める」といった要素が、少なからず含まれていたように感じています。

更には、昨年度今寄さんが指導員を務めた後輩が、最近になって同じような傾向を示しつつあること、それも解決すべき課題だと認識していました。

今回の対話はそのような状況下で行われます。

「今寄さん、手が空いた時に打合せがしたいんだけど声を掛けてくれるかな？」

「私は今でも大丈夫です」

「じゃあ、あっちの会議室でやろうか」

「先日の夫々さんの件ですか？」

「それもある」①

「どうでしたか？」

「端的に言えば、課題認識はしっかりしている。それに対する解決策も考えている。だから、もう少し様子を見ようと思っている」

「チームリーダーの仕事を続けるっていうことですか？」

「そうなるね」

「本当に大丈夫なんでしょうか？」

「組織としては彼に一人前のリーダーになってもらう必要があるし、そうすることが僕の仕事でもあるし、もちろんその過程においてもしっかりサポートしていこうと思っている」②

「マネージャーがそうおっしゃるんでしたらわかりました」

「ところで、今寄さんが夫々君にした質問の内容についてなんだけど、あれは本当に質問する必要があったのかな？」

「どういうことでしょうか？」

「いや、質問したこと自体が悪いというのではなくて、あのレベルの事柄であれば、敢えて夫々君に訊かなくても、今寄さん自身の力で答えに辿り着けたんじゃないかと思うんだ」①

「それはそうかもしれませんが…」

「でも実際にはそうしなかった」

「はい」

「何も今寄さんを責めるとか、そういう話じゃないから安心してほしい。でも、こんな風に打合せをする機会もそうはないから、その辺のことをどう考えているのか教えてほしいと思っている」

「率直に申し上げてもよろしいですか？」

「むしろそうしてくれないと困る」③
「困る？」

「ある点から見れば、僕の仕事は判断することに尽きる。そして判断には正確な情報が必要だ。率直な意見や正しい情報を無視した判断は、間違いなく誤ったものになる。そしてできれば、僕は誤った判断をしたくない」

「わかりました。では、率直に言わせていただきます。たしかにマネージャーのおっしゃる通り、あれは自分でも判断できたことだと思います。でも私は役職も何もない立場です。そんな私が自分勝手に判断するのは間違っていると思います」②
「なるほど」

「今のお話にもあった通り、判断はチームリーダーの仕事だと思うんです」

「たしかに今寄さんの言うことはよく理解できる。でも、お客様との接点においては即座に答えを出さなければならない場面も存在する。そうした場面に立たされたとき、今寄さんも自分で判断して答えを出したりすることは本当にないのかな？」①

「いえ、全くないという訳では…」
「だとすれば、ケースによっては自分で判断できる場合もあり、一方で、そうではない場合もあり、それらを分ける線のようなものは一体どこに存在しているのか、僕達の議論はその辺にフォーカスされるということかな？」
「私にはよくわかりません」
「これは僕が勝手に立てた仮説に過ぎない訳だけど、何となく相手が面倒な人だとか、その判断に異議が唱えられそうだとか、ある意味では必然的なことなんだけど、そういうケースに出会ったときに、判断するという行為をチームリーダーに委ねている、そんな感じじゃないのかな？」④
「でも、そういうケースでは判断を委ねるのは当たり前のことだと思うんですけど？」
「その通り。僕が必然的と言ったのはまさにそういう意味だ。だけど問題なのはそのときに今寄さんがどういう訊き方をするのか、ということなんだ」④
「訊き方、ですか？」
「そう。仮に誰かに判断を委ねる場合であっても、例えば、私はこう思うけどあなたはどう思うか、という訊き方だってあるだろうし、あるいは、自分の考えを示すことなく、ただ答えを求めるだけの訊き方だってあるように思う。実際のところ、今寄さんはどっちの訊き方をしていることが多いだろうか？」⑤
「そう言われてみると、たしかに後者のほうが多いように思います」

「ありがとう。率直に話してくれて嬉しいよ」⑤
「いえ、そんな…」

「いや、初めにお願いしたことをちゃんと理解してくれたことに感謝するよ。僕にとってはとても大事なことだし、もっと言えば、今寄さん自身にとってもすごく大事なことだと思う」

「はい…」

「僕はできれば、今寄さんのように高いレベルにある人には、前者のような訊き方をしてほしいと思っている。そうすることによって、今寄さん自身が成長するだけではなく、質問を受けるチームリーダーの成長にも繋がると思うんだ」⑥
「チームリーダーの成長ですか？」

「そう。もしかしたらそれは自分の仕事の範疇を超えていると思うかもしれない。それはそれで仕方がないとも思う。でも、組織に身を置くメンバーは誰もが、それはもちろん僕自身も含めてだけど、常に何か他のメンバーに貢献できることはないかと考えるべきだし、これも勝手な意見だけれど、今寄さんは十分それができる人だと考えているから、敢えて僕は今こんな話をしている」

「そんなこと考えたこともありませんでした」

「それは無理もないことだと思うよ」

「はい」

「僕は常に物事を未来志向で考えたいと思っている。だから、これからどうしていくのか、という観点で考えればそれで十分だ。でも、今みたいな話について、率直に言ってもらって構わないから、今寄さんがどう考えるのか教えてもらえるかな？」⑦
「本当に正直に言えば、そこまでやらなければいけないのか、という感じですが、マネージャーがおっしゃることもわかるような気がします」

「今すぐ何かを劇的に変える必要がある、とまで言うつもりは全くない。でも、多少なりとも理解できた部分があるのなら、実現する可能性についてリアルに考えてみてほしい。そして、近い内にまたこうした時間を持ちたいと思っているから、そのときにどう考えたのかを聞かせてほしい」⑥
「結論が出ていないかもしれませんが？」

「それでも構わないよ」

「わかりました」

「ところで、多少君のことなんだけどね」

「はい」

「悪い意味で最近仕事に慣れてきたというのか、真摯に取り組む姿勢が薄くなってきたというのか、いずれにしても少し心配しているんだけど、昨年度の指導員の目にはどう映っているのかな？」

「たしかに、最近少し不満をいうことが多くなってきたように思います。夫々さんとは独身同士でよく飲みに行っているみたいなので、詳しい理由は夫々さんが知っているかもしれません」

「今寄さんとして思い当たることはない？」

「そうですねぇ…　何で自分がこんなことしなくちゃいけないのか、みたいなことをよく言ってるような気がします。自分はもっと大きな仕事ができる、みたいな感じかもしれません」
「よくわかった。近い内に彼とも一度話をしようと思っているから、今の話も参考にさせてもらうけど構わないよね？　もちろん今寄さんから聞いたなんて野暮な話はしないから」⑦
「そこはちゃんと信じてますから大丈夫です」
「了解。引き続きよろしく頼むよ」

【解説編】


人によって見方は異なるのかもしれませんが、私は今寄さんが回避している行動が実際には選択であると考えています。

具体的には、「自分で答えを出す」という選択肢とそうしない場合とを無意識の内に比較して、明らかに面倒に巻き込まれる可能性の高い前者を潜在的に回避するために、答えを出さないことを「正しい」と考えようとしています。

つまり、自分の力で答えに辿り着くためのやり方が「わからない」のです。

更には、もう一方の（つまり、選択しなかったほうの）選択肢が明らかに間違っていることを強調したい余り、必要以上に他責の傾向を示すことがあります。

私が答えを出さないのがいけないのではなく、私に答えを出させようとするほうが間違っている、そのような問題のすり替えが行われる場合があります。

以下、夫々君のケースに倣って私なりの解説を付していきます。

なお、既に言及した内容については極力繰り返さないように配慮していますので、説明がないと感じられる場面があったとしても、どうかご容赦をお願いします。

○波線部①
「敢えて夫々君に訊かなくても、今寄さん自身の力で答えに辿り着けたんじゃないかと思うんだ」

この発言によってマネージャーは、今寄さんが「自身の力で答えに辿り着けた」のにしなかった、つまり、そのような選択を回避していたという事実を示唆しています。

このタイプのメンバーとの対話においては、本人が回避しようとしてきた選択肢を具体的に示し、そのことによって回避の事実を示していくことが大切です。

この発言は見事にそれを実行に移した形になっていると私は考えます。

○波線部②
「そんな私が自分勝手に判断するのは間違っていると思います」

今寄さんの発言を引用したことに違和感を覚えた方もいらっしゃるかもしれません。

しかしながら、マネージャーからの問い掛けに呼応して半ば反射的に答えた今寄さんは、本人は気づいていないかもしれませんが、これまで自分が回避してきたものの正体を、図らずも告白する結果になっています。

「自分勝手に判断するのは間違っている」と認識する力があるということは、同時に、「自分の力で答えに辿り着く」という選択肢の存在を正しく認識しているということに他なりません。

そうした反応を引き出すこともマネージャーの腕の見せ所の一つであると考えます。

○波線部③

「今寄さんも自分で判断して答えを出したりすることは本当にないのかな？」

これも選択肢の提示の一つの在り方です。

後のやり取りにも見られるように、現実に今寄さんが自分の力で判断しているケースが存在するという事実への確信が、このような問い掛けの源となっています。

私達にとっては日常の観察レベルが問われる問題です。

○波線部④

「そういうケースに出会った時に、判断するという行為をチームリーダーに委ねている、そんな感じじゃないのかな？」

こうした問い掛けによって、マネージャーは選択肢の絞り込みを行っています。

その結果として、真に解決すべき課題が浮き彫りとなります。

マネージャーは、この発言の前段で「仮説」という表現を用いていますが、断定的な言葉に伴うリスクを極小化するために、「あくまでも仮定の話である」という前提を付すことは非常に効果的であると考えています。

メンバーにとっては一種の安心感に繋がりますし、仮に事実が違っている場合には退路の役割も果たしてくれるからです。

○波線部⑤

「今寄さんはどっちの訊き方をしていることが多いだろうか？」

点線部①では示唆に止まっていたマネージャーの発言が、ここでは今寄さんの回避の対象を明確に特定するレベルにまで深化しています。

物事の核心に迫る場面では、このような「ｗｈｉｃｈ」の形式による質問、つまり、「Ｙｅｓ／Ｎｏ」で答えるべき質問をぶつけることが非常に有効です。

○波線部⑥

「今寄さん自身が成長するだけではなく、質問を受けるチームリーダーの成長にも繋がると思うんだ」

この発言によってマネージャーは、それまでに示してきた可能性（＝回避の対象）に対する自らのスタンスを明確化しています。

アドラーの言う共同体感覚、つまりは健全な形での組織感覚を背景として、決して一方の当事者だけが労苦を増すのではないと説明することには、明らかに説得力が伴います。

また、前段では今寄さんに対する評価や、それを前提とした期待レベルにも言及していますが、これも当事者の納得感を補強するための装置として、極めて有効に機能しています。

○波線部⑦
「今寄さんがどう考えるのか教えてもらえるかな？」

どれほど説得力のある発言であっても、コミュニケーションの双方向性を欠いている場合には、効果は大きく減じられてしまいます。

そのような事態を回避するためには、「一緒に選択肢を吟味する」という姿勢を明確に示す必要があります。

ここでの発言は、明らかにそうした意図を持ってなされたものですが、相手の意見に耳を傾け、それに対する自分の意見をまた述べる、そんな繰り返しの先にこそ、「今ここという場所」の共有が可能になるのだと信じています。

そしてそれは繰り返し述べてきた通り、課題が発見されるということと同義です。

◇点線部①

「それもある」

ちょっとした日本語の問題なのかもしれませんが、そんな「ちょっとした」ことが現実に対話の命運を左右する、というのはよくある話です。

それ「も」あるという言い方だけでは伝わらないと見る向きもあるとは思いますが、それ「も」言わなければ絶対に伝わらないということもまた真理です。

私個人としては常に後者の立場でありたいと思っています。

◇点線部②

「もちろんその過程においてもしっかりサポートしていこうと思っている」

この発言に至る二つ前の発言と併せて、マネージャーは、夫々君との対話についての自己開示を行っています。

これまで見てきた通り自己開示には多くの効用がありますが、何かをフィードバックする場面にフォーカスして言えば、イシューとなっている事実に対する自身の評価を明確に示すことで、より効果的なフィードバックを実現することが可能となります。

今回マネージャーは、夫々君がサポートすべき対象であることを明言しました。

そのことによって今寄さんの認識にも緊張感が生まれたものと考えます。

◇点線部③

「むしろそうしてくれないと困る」

言い方は様々あると思いますが、これも一つの自己相対化の形です。ともすると冗談のようにも聞こえますし、実際に眉をひそめている方も多いのではないかと推察しますが、個人的には結構好みだったりもします。

奇をてらうのが好きということは決してありませんが、時には意表をついた言い方をすることで対話にメリハリをつけたいというのが私の真相であります。

◇点線部④

「そのときに今寄さんがどういう訊き方をするのか、ということなんだ」

ここでもマネージャーは議論が散逸しないよう問題の整理を行っています。効果については夫々君のところで記載した通りなので割愛します。

◇点線部⑤

「ありがとう。率直に話してくれて嬉しいよ」

意外と忘れがちな点かもしれませんが、身内に対しても感謝の意をきちんと伝えることは非常に大切なことだと考えます(が個人的には最も反省すべき点です)。

点線部①とも重なる問題意識として、人間は感情の動物であるという大前提を正しく心に留めて置きたい、そんな想いを込めながら引用しました。

こうした言葉の積み重ねが、返報性の原理を伴って、コミュニケーションの良好なスパイラルを形成していく原動力になるのだと思います。

◇点線部⑥

「近い内にまたこうした時間を持ちたいと思っているから、そのときにどう考えたのかを聞かせてほしい」

マネージャーに与えられるプレッシャーの大きさを踏まえれば、結果を早急に求めてしまう心情を頭から否定する気持ちにはなれません。

ですが、一歩引いてメンバーの立場になって考えてみた場合、本当に自分のことを真剣に考えてくれているのかという不安や、単に自分の立場が心配なだけではないかといった、将来的な不信に繋がるリスクがあるため、慎重に対応する必要があります。

自己決定性の引き出しには一定の時間を要する場合もある。

つまり、「急いては事を仕損じる」ということなのだと私は理解しています。

それでいて私自身は非常にせっかちな人間なので、実際には反省するところの大きい課題であることを併せて告白しておきます。

◇点線部⑦

「もちろん今寄さんから聞いたなんて野暮な話はしないから」

これも点線部①や⑤と重なる話です。

私達にとっては当たり前であることが、メンバーにとってはそうではない場合も往々にして存在するということです。

総体としては、夫々君との対話の場合と同様に、基本的にはマネージャーが訊ね今寄さんがそれに答える、というスタンスを踏襲しています。

夫々君の項でも述べたので多くは繰り返しませんが、これも今寄さんから自己決定性を引き出すために意識的に採られている形だと言えます。

なお、今回の対話によってマネージャーは、それまでは知らなかったアフター5の場面における夫々君と多少君の関係性について、僅かながらでも情報を得ることができました。

このように、（あまり意図を前面に出すのは好ましくありませんが）私達の対話には第三者の情報を得るという機能も存在しますので、常にアンテナを高く張り、貴重な情報を逃すことがないよう、くれぐれも留意したいところです。

時として私達は、自分の想いがメンバーに通じているものと思いがちですが、言葉を紡ぐことによってしか伝えられない想いがあることを常に心得ておきたいと私は考えています。

☑ 多少君の場合（ケース③）

【対話編】

多少君は入社三年目、有名大学を卒業後すぐに現在の職場へ配属されました。

性格的にはやや大人しい感じもしますが、お客様や先輩社員とのコミュニケーションが上手で、与えられた仕事も着実にこなしていたため、若くして既に「なかなかのしっかり者」という評判を獲得しています。

そんな多少君ではありますが、最近になって折角の評判にも影が差し始めている、やや厳し目の言い方をすれば、誠実に業務に取り組む姿勢がこのところ薄くなってきているとの声が、何人かの先輩から寄せられるようになっていました。

マネージャーもそうした状況を理解しており、特に指示の内容が（おそらく）気に入らない場合には感情が外に現れるのを、看過できない問題だと考えていました。

今回の対話はそうした状況の下で行われます。

「多少君、先日依頼した件でちょっと確認したいことがあるんだけど、今からちょっと打合せすることは可能かな？」

「はい」

「じゃあ、向こうの打合室でやろう」

「わかりました」

「進み具合はどんな感じかな？」

「来週の締め切りまでには終わらせるよう取り組んでいます。特段問題はありませんので十分間に合うと思っています」

「なるほど」

「何か問題でも？」

「いや、問題は特にない。ただ、多少君が楽しさ、ないしは、やりがいを感じながら取り組むことができているのか、あるいは、それほど楽しくはない仕事だと思ってこなしているのか、その点には関心があった」

「楽しいかどうか…」

「そう。こういう機会だから極めて率直に言うけれども、この前仕事をお願いしたときから、あまり楽しそうではないような印象を受けていたものだから」①

「そんなことはありませんが…」

「別に咎めようと思って言ってる訳じゃないから心配しなくてもいいよ。まあ、どうせ同じ仕事をするなら楽しいほうがいいだろうし、時には感情をオープンにすることも必要だと思っている」②

「はい…」

「本当に遠慮はいらないから率直に言ってみてよ」

「ご推察の通り、たしかに楽しくはありません」

「ありがとう。率直に言ってくれて嬉しいよ」

「はい」

「でもそうだとすると、どうして多少君はこの仕事を楽しめないのか、という点に僕の関心は移ることになる。その点についてはどう思っているだろうか？」①
「本当に率直に言ってもよろしいでしょうか？」

「構わないよ」

「あの仕事は、たしかに組織にとって必要なものだとは思うのですが、私としては他にもっと優先すべき事柄があるように感じています」

「なるほど」③
「なので、ついつい、そっちじゃないんじゃないか、みたいな気持ちになって、それがきっと顔にも出ていたんだと思います」

「表情に出ていたという自覚はある？」④
「はい、すみません…」

「いや、自分の若い頃を振り返ると思い当たる部分も数多くあるから、そのこと自体は仕方がないことだとも思う。ただ、周囲への影響についてはきちんと意識しておいたほうがいいね」

「はい、気をつけます」
「ところで、そっちじゃない、という気持ちのまま仕事をするのは、君自身にとっても仕事のアウトプットにとっても、決していいことではない。だから、僕としては何とかそこを解決したいと真剣に思うんだけれど、何か多少君なりに今やるべきだと思う仕事があるのであれば、是非それを教えてくれないかな？」②
「具体的にこれがというものがある訳ではないんですけど…」
「遠慮する必要はないよ」③
「はい…」
「意見の相違はむしろあって当たり前だと思ったほうがいい。大切なのは、意見が異なることを前提として、それらをどのように調整していくのか、つまり、相違する複数の意見の間にどのような着地点を定めていくのか、という点にある。だから多少君が僕と異なる意見を持っていることを基本的には嬉しく思うし、その内容を具体的に共有した上で、更に良いものを生み出していくことができれば、なお素晴らしいと考えている」⑤
「はい…」
「だから、多少君が大切だと考えること、その具体的な内容について、できれば率直に教えてほしいと思っているんだ」
「すみません、自分の中できちんと整理できていませんでした…」

「いや、謝るのはむしろ僕のほうかもしれない。今までこんな風に訊ねたこともなかったしね。でも、誰かに訊かれるかどうかにかかわらず、自分がある仕事や考え方についてどのような意見を持っているのか、そうした自分自身のスタンスのようなものは、今後の多少君のことを考えるとハッキリさせておいたほうがよいと思う」

「どうしてでしょうか？」

「腹落ちしないまま何かをする状態が幸せなことだと思うかな？」

「いいえ、思いません」

「それが答えじゃないんだろうか？」

「でも、仕事である以上全てが自分の思い通りに進むということはないと思います。なので、例え自分の意見とは違っていたとしても、組織にとって必要なことであれば、言われた通りにそれをやる、というスタンスも必要ではないかと思うのですが？」

「ある意味では正しい、でも、ある意味では正しくない。つまり、単に物事を外形的に眺めた場合には、多少君が言った通り、自分とは異なるプライオリティーに従って仕事をする場合がほとんどだと言ってもいいだろう。でも、もう少し内面的な部分に重心を移してみると、また違った風景が見えてくることになる」

「違った風景、ですか？」

「そう。仮に大切なことが異なる場合であっても、それを自らに求められた組織貢献のあり方だと思って真摯に取り組むのと、腹落ちしないまま何となくこなしてしまうのとでは、アウトプットの質は絶対的に違うものになると確信している」⑥
「組織への貢献…」

「組織で仕事をすることの意味の大部分は、そういうところにあるはずだと僕は思っている。自分の仕事が組織に対して常に何らかのメリットをもたらすような働き方をすること。なかなか難しいことではあるけれど、自分自身ではいつもそうでありたいと思っている」

「正直なところ、そんな風に考えたことはありませんでした」④
「別に今からでも遅くはないよ」⑦
「でも、なかなか難しいことのように思いますが…」

「別に一回で腹に落ちる必要はないし、少なくとも僕としては、これからも多少君とこういう会話をしていきたいと思っている」

「はい」

「いずれ折を見てまた声を掛けるから、そのときにでも、多少君なりに思う、この組織にとって大切なことについて教えてくれるかな？」

「わかりました」

「無論、こちらから声を掛ける前であっても、自分なりの考えが定まったと思えば、いつでも声を掛けてほしいとも思っている」⑤

「努力します」

「そのときには、可能な限り具体的な話をしたいと思う。何となく腹に落ちないとか、何となく必要がないとか、そんな曖昧模糊とした話ではなくて、こういった施策が必要であるとか、この施策はこの点で優先順位が低いとか、できるだけ感覚的なものを排除した会話をしたいと考えている」⑥
「はい……」

「あるいは、自分はもっとこういう仕事がしたい、といったことでも構わないよ。それも一つの具体的な意見の表明だからね」

「はい……」

「今日話した課題を別にすれば、普段の仕事ぶりについては期待通りのレベルにあると思っている。だからこれからもよろしく頼むよ」

「ありがとうございます」

「ところで、これは全くの余談だけど、夫々君とは結構飲みに行ってるんだって？」

「はい。夫々さんもここに来てまだ日が浅いですし、仕事のこともそれ以外も含めて、愚痴を言うには僕くらいがちょうどいいんだと思います」

「どんな話をしているのか詮索するつもりは全くないけど、ちゃんと楽しい酒になっているのか、そこだけは若干気になるかな」

「結構お酒強いんですよね、夫々さん」

「そんな風には見えないけどね」
「一回行くと大体は三軒目までって感じですね」
「なるほど」
「一度、ご一緒にいかがですか？」
「三軒目までは無理かもしれないけど、是非そうさせてもらうよ」

【解説編】

残念ながら多少君は、目的・背景が「わからない」タイプに該当しています。

対話の中に散見されたとは思いますが、マネージャーが考える組織として「大切なこと」に同調できず、腹落ちしない状態のまま仕事を続け、「はい、でも」言明の連鎖に陥っています。

マネージャーは様々な角度から、多少君にとっての「大切なこと」を具体的に引き出そうと試みましたが、それが開示されることは最後までありませんでした。

常に同調することを回避しようと試みる「なぜ」の繰り返しと、決して感覚の域を超えることのない違和感のようなもの。

多少君が向き合っているのはいつも自分自身の内面であり、そのような内心から返ってくる答えのようなものだけを大切にしています。

内面的なものは往々にして感覚的な言葉で語られます。

そして感覚的な言葉が適切な形で他者へと向けられることはまずもってなく、表現を変えれば、緊張感を欠いた実にしまりのないものになっている場合がほとんどです。

みなさんに見ていただいた通り、多少君の言葉はそのような言葉で満ち溢れていました。

そうした「感覚的なもの」との対話の軌跡を、振り返ってみることにしましょう。

○波線部①

「どうして多少君はこの仕事を楽しめないのか、という点に僕の関心は移ることになる。その点についてはどう思っているだろうか？」


これが多少君の考える「大切なこと」についての最初の問い掛けです。

このような問い掛けは、常に具体的な何かに対する問いである必要があります。

マネージャーは「仕事を楽しめない」理由から切り込むことにしました。

これは点線部①で後述するような問い掛けに呼応したものですが、多少君の反応を踏まえながら、自らの関心が仮説から一つの認識へと推移した事実を（極めて間接的にではあるとしても）示す、という効果を持ち合わせた発言です。

切り口の如何は中心的な問題ではありませんが、勇気とともに具体的な問題として切り出すこと、そして仮説のレベルから対話をスタートすること、この二点はしっかりと抑えておく必要があるものと考えます。

○波線部②

「何か多少君なりに今やるべきだと思う仕事があるのであれば、是非それを教えてくれないかな？」

問い掛けの第二弾として位置づけられる発言です。

以前にも述べた通り、このタイプのメンバーとの対話においては、同じ類の話を根気強く何度も繰り返すことが大切です。

それは、当該メンバーが自分の中に確たる「答え」がないという事実に辿り着くまで、何度でも繰り返される必要があります。

○波線部③

「遠慮する必要はないよ」

たしかに些細な言葉です。

ですが、これも問い掛けの一つの形なのだと私は考えます。

このような問い掛けは、一義的には自己相対化の機能を果たします。

それを根気強く続けることによって、オープンな土壌を形成し、メンバーの真意を引き出そうと試みること、それもマネージャーにとってのスキルの一つだと言ってよいでしょう。

「違い」のマネジメントは、こうした細やかな配慮や気遣いをとても大切にします。

派手な言葉だけが心に残る訳ではないからです。

○波線部④

「正直なところ、そんな風に考えたことはありませんでした」

この発言を引き出したことによって、二人の対話が「（少なくとも多少君には）答えがないことに辿り着いた」ものと認めることができます。

今回の対話では明示されていませんが、明らかに多少君にその自覚がないと思われる場合には、彼の中に「答えがない」という事実をはっきりとした言葉で示すべきケースも、当然のことながら出てくるように思われます。

考えたことがない人にはまず考えることの必要性を示す、それだけでも大きな一歩です。

○波線部⑤

「無論、こちらから声を掛ける前であっても、自分なりの考えが定まったと思えば、いつでも声を掛けてほしいとも思っている」

同調することを回避しているメンバーであっても、門戸を閉ざしてしまうことには明らかに賛同できません。

自己相対化を前提としたオープンな心。それはどのような場合であっても、またどのような相手であっても、私達が失くしてはいけないものの一つです。

○波線部⑥

「できるだけ感覚的なものを排除した会話をしたいと考えている」

オープンな心と同時に、感覚的な「必要がない」、「他に大切なことがある」といった回避の言葉に対しては断固としてＮＯを言う姿勢も持ち合わせている必要があります。

このタイプのメンバーは得てして、同調しないという目的の達成のために感覚的な発言を求めてしまう傾向を有していますが、それは当人にとっての「今ここという場所」からは最も遠い場所にある言葉なのだと私は考えています。

◇点線部①

「この前仕事をお願いしたときから、あまり楽しそうではないような印象を受けていたものだから」

マネージャーは勇気を持って問題の本質に切り込みました。

多少君の現状に関する評価をストレートに自己開示しています。

また、「印象」という言葉によって、自分自身の評価が未だ一つの仮説に過ぎないという前提を示そうとしていますが、これだけでは意図が十分伝わらない可能性もありますので、相手の状況に応じて更に言葉を付け加えるなどの対応が必要かもしれません。

◇点線部②

「時には感情をオープンにすることも必要だと思っている」

この場面では明らかにトラップの役割を果たしていますが、一般論のレベルで自己開示の必要性を明言することには十分な意義があると考えます。

ビジネスの場面にはそぐわない発言だとお考えになる方もいらっしゃるでしょうし、それもまた一つの真理ではありますが、私個人としては「人は感情の動物である」という点を大切にしたいと思っています。

◇点線部③

「なるほど」

これも些細な発言ですが、自己相対化の観点に基づく肯定の言葉です。

肯定の意思を示すためには右のような言葉一つでも十分な場合があります。

大げさな言い方をすれば「神は細部に宿る」ということなのだと理解しています。

◇点線部④

「表情に出ていたという自覚はある？」

このようなケースにおける自覚の有無は、おそらくは当人が思っている以上に、重要なことなのだと私は考えます。

自覚があればあと一押しで済むかもしれませんし、それがなければ対話はより困難な様相を示すかもしれません。

然るべき場面が訪れたなら、タイミングを逃すことなく確かめること。

それによって事後の戦略に大きな違いが出ることになります。

◇点線部⑤

「その内容を具体的に共有した上で、更に良いものを生み出していくことができれば、なお素晴らしいと考えている」

くどいようですが、今回の対話の主題に対するマネージャーの自己開示です。

「更に良いもの」とは言うまでもなく、対話を行う二人にとっての、新たなる「今ここという場所」を指しています。

◇点線部⑥

「アウトプットの質は絶対的に違うものになると確信している」

ある種の事柄を選択する場合、別の言い方をすれば、一つの価値評価を行う場合、そうした理由について開示することは非常に重要です。

自分とは異なる価値観であっても組織への貢献の観点から肯定的に受け容れること、それが必要であると考える理由をマネージャーは右の発言によって示しています。

アウトプットの質に与える影響という、具体的な問題について触れている点はよし、とする反面、何がどのように影響するのかというメカニズムにまで更に言及できていれば、なお良かったのではないかと考えます。

最後の場面でマネージャーは夫々君のことにも言及しました。

その結果、多少君から飲み会のお誘いをいただくという思わぬ出来事に繋がりました。

多分にリップサービスの部類であったとしても、全体観としては良いことなのだと考えます。

私は決してノミュニケーションを積極的に求めるタイプではありませんが、起こっている問題の性質によってはアルコールの力を借りるべき場合も存在します。

そのような場合には、飲みに行く機会を設けて(お酒がダメな人とは美味しいものを食べに行く機会を設定します)、自己決定性の引き出しにチャレンジします。

なお、これは後段で記載すべきことなのかもしれませんが、今回の多少君のように、「同調しないながらもやっている」場合と、「同調しないことを理由にやらない」場合との間には、大きな差異が存在すると考えています。

後者は同調しないことの反復によって顕在化するものであり、そのような差異と反復によって両者の相違を見極めていく。それはそのまま次の対話のメインテーマにもなるイシューです。

☑ 夫々君の場合(ケース④)

【対話編】

前回の対話から二ヵ月。

マネージャーは夫々君の日々の取り組みを注視してきました。

課題として共有した、結論を自分の言葉で語ろうとする努力の跡を感じることはできましたが、夫々君にとっての「できない」(＝失敗を怖れず自分で判断するという行動の回避)は、残念ながらあまり改善されてはいないようです。

それどころか、以前にも増して忙しそうな雰囲気を醸し出すようになり、周囲のメンバーからは「余計に相談しにくくなった」という不評が示されています。

対話の必要性を感じたマネージャーは再び夫々君に声を掛けます。

「前回話した件だけど、最近はどんな感じ？」

「すみません…」

「別に咎めようと思って訊いてる訳じゃないから、そんな風に謝る必要はないよ」①

「はい」

「こうやって定期的に進捗を確認して、上手くいっていればそれでよし、そうでないならばネックとなっている要素を特定して共に解決する、それくらいに思っていればいいんじゃないかな？」①
「ありがとうございます」

「ちょっと忙しいのかな？」②
「はい、正直に言うと少し…」

「理由として思い当たることはある？」

「前回ご指摘いただいた点を踏まえ、必要な業務知識を身につけ、自分なりの判断ができるように取り組んでいるつもりなのですが、なかなか…」

「思った通りにはいかない？」

「はい…」

「じゃあ、一つずつ順番に考えていこうか」③
「わかりました」

「まずは大々君が忙しい理由について。役割という部分ではこの二カ月で特に変化はない、そこはいいよね？」

「はい」

「そうだとすると、可能性の問題としてはたまたま相談の件数が多い、あるいは、たまたま面倒な案件が増えている、あるいは、自ら判断しようとする試みによって負荷が増している、それくらいかなと思うんだけど、どうだろうか？」④

「最後の部分が原因だと自分では思っています」

「そのために忙しくなっているというのは自分でも感じている？」

「はい」

「そうすると、次に考えるべきは負荷の具体的な内容について、ということになるね。例えば、調べるのに時間がかかっているとか、考える時間が長くなっているとか、同じようにいくつかの可能性が考えられると思うんだけど、その点はどうだろうか？」

「考える時間が長くなっているように思います」

「ありがとう。でも、もう少し具体的に考えてみよう。考える時間が長くなっている理由について、夫々君はどう考えるだろうか？　もっと具体的に言えば、正解に辿り着くまでの時間が長いのか、あるいは、何となくこれが正解だろうというのはわかっていても、本当にそれでいいという確信が持てずにいるのか、どっちだろうか？」⑤

「どちらかと言えば前者だと思います」

「その理由は？」

「きちんと考えなければとは思っているのですが、やらなければならないことはとても多いですし、ついつい目の前の仕事に囚われてしまって、考える時間が確保できずにいる、そんな感じです」

「大事なところだから繰り返すね」⑥

「はい…」

「そもそもは夫々君が忙しい理由がなぜかを考えるところから僕達の会話はスタートした。そしてそれが、一義的には課題解決に向けたポジティヴな取り組みによる負荷だということがわかった。負荷の具体的な中身は答えに辿り着くまでの時間が増えていることにある、そこまではいいとして、その理由が忙しいから、ということになると、何だか堂々巡りみたいな話になっているような気がしないかな?」②

「たしかにそうですね」

「そうだとすると、夫々君が忙しい理由は実は考える時間が長くなっている点にあるのではなく、そもそも考えるための時間が取れないこと、その結果、やるべき仕事に追われているような状態になってしまっていることが問題なのではないか、という次の仮説が必要になる」

「はい」

「それは、端的に言ってしまえば、仕事の量とそれに要する時間のアンマッチということになるんだけど、実際のところはどうなんだろうか?」

「一つひとつの仕事が遅いのは事実だと思います」

「分析的な言い方が続いて申し訳ないけど、仕事が遅いという事象を更に分解していくと、本人のスペックと仕事のレベルとがマッチしていないのか、あるいは、仕事のやり方に課題があるのか、どちらかのような気がするんだけど?」

「はい」

「少なくとも僕は、今の仕事は夫々君の力を以てすれば問題なくこなせるレベルのものだと思っている」③

「たぶんやり方が悪いんだと思います」

「どんな風に？」

「これもきっと前回ご指摘いただいた課題と繋がるのだと思いますが、一つひとつの判断に時間をかけ過ぎているんだと思います」

「間違った答えを出したくないから？」

「はい。常にそう思って仕事をしている訳では決してありませんが、無意識の内にそうなっているのではないかと…」

「もちろんプロとして仕事をしている以上、正確さというものが担保されていなければならない。それは圧倒的に正しい。だけど、こんな風に言うのは誤解を招くかもしれないと思いながら敢えて言うと、それも最終的にはバランスの問題という点に行き着くような気がする」⑦

「バランス、ですか？」

「そう。具体的に言えば、求められる正確さのレベルとそれにかける時間との問題。間違っていいという訳では決してないけれど、必要以上に時間をかけて正確さを追求するというのは、つまる所お客様のニーズにも合致していないように思う」④

「はい…」

「絶対的な正解なんてものはないけれど、おそらくは正確さやスピード、タイミング、そんな諸々の要素の重心のような場所に、ベストに最も近いベターがあるのではないかと思うんだ」

「どこまでやればいいのか、言葉を変えれば、何をしなくてもいいのか、それが実際のところよくわかっていないのかもしれません」

「具体的な場面を挙げることはできる？」

「メンバーからの相談に答える場合に、経験的には多分それで合っているんだろうと思っていても、念のためマニュアルを確認してしまうとか、社内の照会応当事例集を見てしまうとか、そんなことをしています」

「だとすれば、例え一週間でもいいから、本当にわからないとき以外はマニュアルを開かないと心に誓って実行してみるとか、あるいは、照会応当事例集には絶対にアクセスしないことを誓うとか、思い切ってそんな風にチャレンジしてみるというのはどうかな？」⑤
「たしかにそれくらいしないと効果がないかもしれません」

「あと、これは僕の推測なので間違っていたら申し訳ないんだけど、ちょっと自分で背負い過ぎるところがあるんじゃないかな？」

「おっしゃる通りです」

「責任感が強いというのは、全体観としては当然に良いことだ。だけど、やはりこれもバランスの問題ということになるのだけれど、組織として仕事をしていく中で、一人のメンバーだけが過度に責任を負うというのは、明らかにいびつなことだと僕は思う。そもそも、マネージャーなんてものは問題が起こったときに責任を取るのが仕事みたいなものだし、少なくとも夫々君がそこまで背負う必要はないんじゃないかな?」

「そうですね…」

「夫々君の志の部分は十分に理解しているつもりだから、良い意味でもう少しいい加減になってもいいと思うよ」

「いきなりは難しいかもしれませんが、心掛けてみます」

「それでもしトラブルになったら僕がちゃんと責任を持って解決する。だから、その点だけは安心してもらって構わない」⑥

「ありがとうございます」

「ところで、多少君も入れて一度三人で飲みに行こうと言っていたんだけど…」

「はい。彼にはちゃんと言ってあるんですが、若干ルーズなところがあるので…」

「気乗りしないことはあまりやりたがらない?」

「はい」

「その辺りの課題も含めて、たまには酒の力でも借りながら話すのもいいんじゃないかと思ってね」

「わかりました。私がセッティングします」

「ありがとう。三軒目は無理かもしれないけど楽しみにしてるよ」

【解説編】

前回の対話を通じて、自らの「今ここという場所」を理解した夫々君は、それを次なる高みへと向けるべく努力をしているものの、なかなか成果には結びついていない（＝勇気を持って判断するという行動ができていない）状況にあります。

その原因を、夫々君は一旦は「忙しい」と位置づけました。

しかしながら、マネージャーが更に深く問題性の根を探っていった結果、忙しい理由もまた勇気を欠いている点にある、という事実が判明しました。

これはすなわち、問題性の位相が、何をしてよいかが「わからない」から、忙しさを理由に行動を回避するタイプとしての物理的に「できない」に移ったことを意味しています。

忙しいために忙しい、忙しくない自分は本当の意味で「逃げ道」をなくしてしまう。

そうした前提の下、キーとなる部分について解説していきます。

○波線部①

「別に咎めようと思って訊いてる訳じゃないから、そんな風に謝る必要はないよ」

一般論として、咎めるという行為は、実際には咎める側の当事者が思うほど有効ではないのだと私は考えています。

そして、このタイプに該当するメンバーには特に、マイナスの効果を与えてしまうリスクが高いと考えることができます。

夫々君のように責任感の強い人、真面目と言われることの多い人、そういう人達がこのタイプに多く見られることが理由として挙げられます。

○波線部②
「何だか堂々巡りみたいな話になっているような気がしないかな?」

全体観としてはメンバーの想いを肯定的に受け止めること。

その必要性については既にお話した通りですが、だからといって全てを受け容れるということにはなりません。

毅然とした態度でNOを言うために、否定ではない言葉を遣ってメンバーの認識を正すことのできるスキルは必要不可欠なものだと考えています。

この発言によって、夫々君が行動を回避するための理由として忙しさを挙げているという転倒の可能性が示唆されています。

そしてそれは忙しさを理由にする態度への毅然としたNOでもあります。

○波線部③
「少なくとも僕は、今の仕事は夫々君の力を以てすれば問題なくこなせるレベルのものだと思っている」

マネージャーは、夫々君の課題の根に切り込んでいきます。

仕事のレベルと能力とはマッチしているはず、つまり、原因は別のところにあるはず、そうした問題性の特定のために、自らの態度を明確に示すことは有効な手段の一つだと言えます。

○波線部④

「必要以上に時間をかけて正確さを追求するというのは、つまる所お客様のニーズにも合致していないように思う」

物理的に「できない」メンバーは、リスクを回避したいと思いが強いため、正確さというものに対して過度に敏感になっている場合が多いと考えます。

こうした発言によってその感度を下げること、それが課題解決に向けての第一歩に他ならない、私はそんな風に考えます。

今回のケースでは「お客様のニーズ」という要素を持ち出していますが、主観的ではないものを根拠として示すほうが、より降りてきやすい状況を作り出すことができます。

○波線部⑤

「そんな風にチャレンジしてみるというのはどうかな?」

課題解決の方法、あるいは、次に目指すべき「今ここという場所」は、可能な限り具体的な言葉で語られる必要があります。

あくまでも仮説という形を採ってはいますが、マネージャーはネックとなっている要素を推定し、一歩を踏み出す勇気について提案しています。

○波線部⑥
「それでもしトラブルになったら僕が責任を持って解決する。だから、その点だけは安心してもらって構わない」

勇気と共に踏み出す一歩のために、マネージャーがこうした姿勢を明確に示すことは非常に重要だと私は考えます。

そして残念ながら実際にトラブルが起きてしまった場合には、自らの言葉の通り、全力で解決に臨む必要があります。

そこで試されるのはやはりマネージャーにとっての勇気の問題です。

◇点線部①
「そうでないならばネックとなっている要素を特定して共に解決する、それくらいに思っていればいいんじゃないかな？」

何度もお話していることですが、共に考える、共に解決する、そうした姿勢を示すことは本当に大切なことだと思っています。

「今ここという場所」は、常に対話する二人が共存する場所なのだということです。

◇点線部②

「ちょっと忙しいのかな？」

ここでお話したかったことは、例え確信している事実であっても断定的に言わないことの必要性についてです。

常に仮説として可能性を示し、答えは本人に委ねる、事実から目を逸らそうとする姿勢が残っている場合には言葉を替え、角度を変え、様々な方法で質問を繰り返す、そうしたことの積み重ねが対話をより重層的なものにしていきます。

◇点線部③

「じゃあ、一つずつ順番に考えていこうか」

大枠だけを問題にして感覚的に語ること、事実と意見との違いを曖昧にしたままの会話、それらは明らかに「違い」のマネジメントの対極に位置します。

私達の対話は、一つひとつの「事実」を積み重ねていくという、極めて地道な行為によってしか効果を生み出すことができない、そう言い切ってしまっても全く差し支えありません。

◇点線部④

「あるいは、自ら判断しようとする試みによって負荷が増している、それくらいかなと思うんだけど、どうだろうか？」

テーマとしては、これまで何度も取り上げてきた問題性の絞り込みというものに該当しますが、その手法として理論的な可能性からのアプローチを実践することは非常に効果的です。

想定される複数の可能性を仮説として提示すること、仮説に対する検証として対話を進めていくこと、私はこのスタンスを大切にしたいと思います。

◇点線部⑤

「どっちだろうか？」

仮説の検証が終盤に差し掛かった際には、思い切って選択肢を絞り込み、問題性の特定を試みることも必要です。

そうした場合に私は、イエス／ノーで答えるべき質問、あるいは、右の発言ように「ｗｈｉｃｈ」による質問を使うことがあります。

このケースでは明言されていませんが、「どちらでもない場合」に備えたフォローがあったならなおよしといったところでしょうか。

◇点線部⑥

「大事なところだから繰り返すね」

有効な対話を実現するために回避すべき事柄は実にたくさんありますが、抑揚のない流れというものもその一つに数えることができます。

もちろん全て大切なことだから対話をしている訳ですが、そんな中でもアクセントを明確に示すことはとても重要だと考えています。

そして、「大事なところ」（＝対話の核心）に触れる際には、本人が発言した内容を繰り返すこと、常に本人の言葉をベースとすること、決してマネージャー自身の推測を交えないことが肝要です。

◇点線部⑦

「敢えて言うと、それも最終的にはバランスの問題という点に行き着くような気がする」

これも繰り返し述べてきた踏み込む側の勇気の問題です。

自己開示、返報性の原理、そうした要素を思い返していただければ、こうした発言の意味がより正確にご理解いただけるものと考えています。

☑ 今寄さんの場合（ケース⑤）

【対話編】

前回の対話の中でマネージャーは、今寄さんに対して自らの判断で答えを出すこと、別の言い方をすれば、勇気を持って選択することの必要性を説きました。

そして、一定の期間を経た後に、進捗状況を確認する意味も含めて対話の機会を持ちたいと予告していました。

夫々君の苦戦が続き、他のメンバーへの悪影響が大きくなってきている現状なども考慮すると、今がそのタイミングであるとマネージャーは理解しましたが、その背景には他ならぬ今寄さん自身の問題もあるようです。

「夫々君に対する周りの評価はどんな感じかな？」

「マネージャーもご存知だとは思いますが、最近は以前よりも忙しそうなオーラを振り撒いていて相談しにくい、それで私のところに相談に来るメンバーもたくさんいます。私も自分の担当案件がありますので、なかなか…」

「忙しい？」

「はい。でも忙しいこと自体はそんなに不満じゃないんです」

「不満の理由は他にある？」①

「はい」

「是非聞かせてほしいね」

「この前お話したとき、もっと自分の判断で決めてもいいとおっしゃっていただきましたけど、本当にそれでいいのかと思いまして…」

「それでいいのか、とは？」①

「本当に私なんかが決めてもいいのか、ということです」

「もうちょっと具体的に教えてくれる？」

「夫々さんの件があって、後輩の子から色々と相談を受けることが増えて、彼女達も本当に困っているのでもちろんアドバイスはするんですけど…」

「何かがしっくりこない？」

「しっくりこないというか、私のアドバイスが本当に正しいのかどうか自信がなくて、すごく不安な気持ちになると言ったほうがいいかもしれません…」

「他には？」②

「いいえ」

「今寄さんが言ったことを僕なりに整理すると、夫々君が苦戦している中で自分が後輩から相談を受ける機会が増えてきた、後輩想いの今寄さんは忙しい中でも何とかアドバイスをしてあげようと頑張っている、忙しいことは我慢できるけれど自分が出す答えの正確性に自信が持てない、そしてそのことが今寄さんをものすごく不安にさせる、そういう理解で間違っていないだろうか？」②

「はい」

「いきなり核心的な部分について訊くけどいい？」③

「ええ…」

「今寄さんは自分の答えに自信がないと言うけれど、実際のところ今寄さんのアドバイスが原因でトラブルになったケースがあるんだろうか？」③

「いえ…」

「少なくとも僕はそうした話を聞いたことがないし、もし今寄さん自身に心当たりがあるのなら、是非教えて欲しいんだけど」

「いえ、実際に何かあったという訳ではないんですけど…」

「ないんですけど、でも？」

「あんまり後輩の子達を悪く言いたくないので…」

「そんな風に受け取らないから安心してよ」

「はい…」

「後輩メンバーがどうかした？」

「何度か腑に落ちない表情をされたことがあって、それが…」

「自分の答えが間違っているせいかもしれないと?」④
「はい」

「今寄さんの想いを否定するつもりはないんだけど、でも彼女達はちゃんと今寄さんのアドバイスに従って行動したんだよね?」

「そう思います」

「そして結果的に何の問題も起こらなかった?」

「たぶん」

「そこに何の問題があるのだろうか?」

「でも、私が本当の意味でちゃんとしたアドバイスをできていたなら、あの子達はきっとあんな顔をしなかったんじゃないかと思うんです…」

「じゃあ、ちょっと角度を変えて質問するけど、今寄さんは僕が指示した事柄について、全て心から納得した上で実行に移しているのかな?」⑤
「それは…」

「自分では言いにくいだろうから代わりに言うけれど、きっとそんなことはないよね。でもそれは当然のことだと思うんだ。人間が違うんだから考え方だってもちろん違う、時には上司からの指示であっても納得できない場合がある、それは全然不自然なことじゃないと僕は考えている」

「はい…」

「つまり、後輩の表情が曇ったことが原因なのではなく、今寄さんはアドバイスをする前から自分に自信がないと思っている、そういうことではないのかな？」④

「そうかもしれません…」

「今寄さんは、自分の答えはきっと正しくないに違いないという心のメガネを掛けてしまっている。だから、常に自分の答えに自信が持てずにいる。実際には何も問題が起こっていないのに、自分で勝手にそう思い込んでしまっている」

「心のメガネ…」

「そう、心のメガネ。別の言い方をすれば先入観」⑤

「先入観…」

「若干厳しい言い方をすれば、結果には何の問題もないにもかかわらず自信がないと言う人には、そう口にすることによって、できれば判断することを避けたいという気持ちが潜んでいるようにも見える。もちろん、今寄さんが確信犯的にそうしようとしているなんて全く思っていないけれど、もしかしたら潜在的な部分ではそのように意識が向いているかもしれない」

「はい…」

「もちろん僕は心理学の専門家じゃないからよくわからないけれど…」

「でもマネージャーの言う通りだと思います」

「そう？」⑥

「入社してすぐの頃ですけど、自分で勝手に判断して失敗したことがあるんです」

「僕が来る前の話？」

「はい」

「もうちょっと詳しく教えてくれる？」

「その頃は全然知識がなくて、それはもちろん当たり前なんですけど、なのに自分で勝手にお客様に回答してしまって、後から間違っているとリーダーに指摘されて、直ぐにお詫びはしましたが、お客様には物凄く怒られました」

「なるほど」

「すみません、変な話で」

「そのとき、リーダーはどんな風に言ってくれたんだろうか？」⑥
「はい？」

「いや、結果的に間違ってはしまったけれど、前向きにチャレンジしようとした今寄さんの想いを肯定的に受け止めたのか、あるいは、そうではなかったのか、どちらだったのかな、と思って」

「圧倒的に後者でしたね」

「やっぱりね」

「わかりますか？」

「何となく」

「けっこうショックでした…」

「もしもそのとき、自分で判断しようとした勇気を正しく評価してもらっていたならば、今寄さんの今ここという場所は少し違ったものになっていたんじゃないだろうか？」

「言い訳みたいになりますけど、そう思います」

「じゃあ今からやり直そうよ」

「えっ？」

「少なくとも僕は、前向きなミスについては責めないと心に決めているから、前回のようなことは起こらないと思ってもらっていい。だから、この前言った話にまた戻るけど、もうちょっと自信を持って判断してもいいんじゃないかな？」

「失敗してもいいってことですか？」

「したくてやった失敗じゃなかったら全然構わないよ」⑦

「そういう風に言っていただけると、ちょっと頑張れるかもしれません」

「ちょっとずつでいいよ」⑦

「ホントにそう思ってます？」

「もちろん」

「そう言えば、今度夫々さん達と飲みに行くんですよね？」

「ご一緒されますか？」

「いいんですか？」
「よかったら他のメンバーにも声を掛けてみてもいいよ」
「わかりました。ありがとうございます」
「今寄さんも結構お酒は強いんだって？」
「夫々さんには負けます」
「いずれにせよ僕は三軒目までは無理だけどね」

【解説編】

今回の対話によってマネージャーは、今寄さんが自分の判断に自信を持つことができずにいる、つまり、既に能力的に「できない」状態に移行していることを理解しました。

そして対話を深く進めることによって、そのような状態に陥っている原因＝今寄さんにとってのトラウマを特定することができました。

もちろん今回の例は対話が明らかに奏功したケースであり、全ての対話がこうした結末を迎える訳ではありません。

ですが、成功例を通じて得られる知見も少なからず存在する、そのように考えて今回の対話例を設定しました。

そのような前提で以降の解説を見ていただければと考えます。

○波線部①

「それでいいのか、とは？」

このタイプに特有の問題ではないのかもしれませんが、まずは言葉の曖昧さをできるだけ排除し、具体的な事実のみを根拠とするよう心掛ける必要があります。

そのような事実の共有こそが、これまで何度も繰り返し述べてきた「今ここという場所」を共有するという行為に他なりません。次に引用する発言によりはっきりと表れているように、繰り返し丹念に質問を重ねることが大切だと考えています。

○波線部②

「そういう理解で間違っていないだろうか？」

私達は具体的な事実だけを頼りに問題性を整理していくことになりますが、その際に回避すべきことは、別項でも触れた通り、こちら側が断定的に物事を切り取っていくという行為です。

そのためには常に正誤の確認を怠らないということが大切になってきますし、またその際には、可能な限りメンバー自らが発した言葉の反復によってそれを行うことが効果的だと考えます。

これは余談になりますが、この発言の中でマネージャーは、今寄さんが実際に発言したときとは、微妙にアクセントの置き方を変えています。

そうした細やかなテクニックも対話の効果を更に増すことに繋がります。

〇波線部③

「今寄さんのアドバイスが原因でトラブルになったケースがあるんだろうか？」

実際に起こったこと、「そう思う」、「そのように感じている」、そうした言葉の羅列に惑わされることなくただ事実だけを確認すること。

問題性を整理し、その根に切り込んでいくためには、このような形での掘り下げが大切です。

仮に該当する（と本人が思っているものも含めて）事例があれば、後に続くやり取りのように、その原因を探ることも忘れずに行っていく必要があります。

〇波線部④

「今寄さんはアドバイスをする前から自分に自信がないと思っている、そういうことではないのかな？」

この発言によってマネージャーは今寄さんに潜む問題性の根を特定しました。

それは後段のやり取りの中でより具体的に語られるように、確固たる根拠を伴ったトラウマとして存在していました。

時に厳し過ぎると見る向きもあるかもしれませんが、勇気と共に毅然とした態度で語る言葉にはきっと賛同が得られるものと考えます。

そして、それはきっと具体的な言葉で語られる事実なのだと信じています。

○波線部⑤

「そう、心のメガネ。別の言い方をすれば先入観」

心のメガネ、あるいは先入観。

よく用いられる表現ではありますが、これはこのタイプのメンバーに極めて特徴的な要素であると考えます。それだけではなく、メンバーは自らの心のメガネに依拠する傾向があります。

もちろんそれは自覚的になされているものではないかもしれません。

ですが、今寄さんの場合に即して言えば自ら判断するという行為、その結果生じるかもしれないトラブル、それに対する責任の問題、そのような事柄を回避したいという潜在的な願望に従って、「自信を持たない」という意思が形成されています。

そしてその理由として示される能力の問題、それが心のメガネとなって、本来の視野を曇らせる結果に繋がっています。心のメガネを外すための勇気づけが私達の仕事に他なりません。

○波線部⑥

「そのとき、リーダーはどんな風に言ってくれたんだろうか？」

この発言の目的はトラウマの掘り下げにあります。

そうすることによってメンバーにとっての「できない」理由を特定し、同時に解決に向けた課題の細分化を図ります。

課題を到達可能なレベルに細分化し継続的に提示すること。

一度の対話では実現できないことですが、対話の繰り返しの中でメンバーの「今ここという場所」を常に更新し、次の目標を共有していく、そうしたスタンスによって必ずや実現できる目標なのだと考えています。

○波線部⑦
「したくてやった失敗じゃなかったら全然構わないよ」

今寄さんにとってのトラウマは、失敗したという事実そのものによるのではなく、前向きな姿勢を肯定的に受け止めてもらえなかったという点に明らかに起因しています。

したがって、課題解決に向けての第一歩、細分化された勇気の最初の一歩は、自ずから、前向きな失敗については全面的に肯定する、だから失敗を怖れることなく判断してほしい、といった言葉によって明示される必要があります。

◇点線部①
「不満の理由は他にある?」

これは「自分の担当案件もあって」という発言の内容と、忙しいこと自体は問題ではないというスタンスとが摺り合っていないことからなされた発言です。

微妙な差異を見逃すことなく、常に調整を行いながら対話を進めていくこと。

自分自身にいつも言い聞かせている事柄でもあります。

◇点線部②
「他には？」

メンバーにとって理由は必ずしも一つとは限りません。

中にはとりあえず同調した姿勢を示すという場合もあります。

そのような場合に備えて、あるいは、漏れがないことを確認する意味も含めて、本当に今言ったことが全てなのかを確認することには大きな意味があると考えています。

また、今回の対話では「これから問題性に切り込む」という合図にもなっています。

◇点線部③
「いきなり核心的な部分について訊くけどいい？」

このように訊かれたメンバーは、当然のようにマネージャーに対して「嫌です」と答えることはできません。

問題は言質を取ることにあるのではなく、これが核心なのだというマネージャーの認識を明確に示すことにあります。

個人的には、メンバーにとっての心の準備の観点から、具体的な内容に切り込む前に一拍置くことを好んでいます。

ただ、核心に踏み込まないということは決してありません。

言葉にした以上は、勇気を持って必ず進んでいきます。

◇点線部④

「自分の答えが間違っているせいかもしれないと？」

基本的に誘導尋問に繋がる怖れのある言い方はしないことにしています。

ですが、今寄さんは後輩達を悪くは言いたくないという思いが強いあまり、明らかに口が重たくなっています。

そういうときには、こちらから言ってあげるのが親切だと私は考えます。

◇点線部⑤

「今寄さんは僕が指示した事柄について、全て心から納得した上で実行に移しているのかな？」

問題性を具体的に詰めていく際に、自分への置き換えは有効な手段の一つであると考えます。

他人の芝生は常に青く見える。問い掛ける私にとっても常に意識すべき事柄だと言えます。

◇点線部⑥

「そう?」

ものすごく些細な話です。

でも、「ほらね」と自信を持たず、少なくとも一度は訊き返してください。

中には話を合わせようとするメンバーもいる可能性があるからです。

◇点線部⑦

「ちょっとずつでいいよ」

自己変革とはあたかも髪の毛が伸びるように、気づいたときに初めて辿り着いたことが確認できる場所を言うのだと確信しています。

振り返れば私達もそのようにして「今ここという場所」に辿り着いたはずです。

大切なのはそれを明言する私達にとっての勇気の問題です。

何度も言っているように、結果にコミットしているマネージャーにとって、一日も早くゴールに辿り着きたい気持ちが沸き起こることは痛いほど理解できます。

だとしても、どのようなレースにも最初の一歩が存在するという事実を、私達は正しく認識しておく必要があります。

まさに「千里の道も一歩から」しか始まらないのです。

☑ 多少君の場合（ケース⑥）

【対話編】

マネージャーは、夫々君や今寄さんらを交えて多少君と飲みに行きました。

セッティングは全て夫々君がやってくれました。

飲み会自体はとても良い雰囲気の内に終わり、三軒目に突撃しようとする若者達の後姿を笑顔で見送りながらも、マネージャーには若干重苦しい気分が残っていました。

それは途中で耳にした多少君の発言が気にかかったせいです。

家までの帰り道、マネージャーの脳裏には「多少君とは明日話をする必要がある」という課題がずっと浮かんだままでした。

「僕はもっと大きな仕事をしたいと思ってこの会社に入ったんですけどね…」

お酒の勢いがそうさせただけなのかもしれません。

ですが、前回の対話で宿題とした「大切なもの」についての回答も未だない中で、そうした発言を看過するようなことは決して許されるべきではない、マネージャーはそのように考えました。

そして翌朝、まだ少し目の赤い多少君に声を掛けます。

「昨日は結局何時に解散したの？」

「実はあまり覚えてないんですけど、たぶん二時くらいだったと思います」

「僕と別れたのが十一時くらいだったから、あれから更に三時間か…」

「さすがに今朝はちょっとキツかったです…」

「そんなときに申し訳ないんだけどね」

「何でしょうか？」

「昨日多少君が言っていたことが少し気になったものだから」

「何か失礼なことを言ったでしょうか？」

「いや、失礼とかそういう問題じゃない。ただ、今の役割と自分のやりたい仕事とが、必ずしもマッチしていないという趣旨のことを言っていたよね？」

「はい…」

「前回話したときにも言った通り、腹落ちしないまま仕事を続けるのは多少君と会社の双方にとって幸せなことじゃない。僕は、極めて個人的には同意と納得とは原理的に違うものだと思っていて、自分の意見とは異なる指示に対して、同意することはできなくても納得することはできると考えている。昨日の言葉から僕が受け取ったのは、今の多少君は自分が与えられた役割に納得すらできていないのではないかという印象だった。これは、多少君にとっても僕にとってもすごく大事な問題だから、違っているなら違っているで構わないし、率直なところを教えてほしいと思っている」①
「そんなに深い意味で言った訳ではないんですけど…」

「そうかもしれない。でも、神は細部に宿るという言葉があるように、ちょっとしたところに本人でも気づかない問題の根が潜んでいたりもする」①

「はい…」

「多少君の意見を否定するつもりなんか全くないし、本当に率直なところを知りたいだけだから、遠慮することなく本音を教えてほしいと思っている」

「夫々さんからお聞きになっているかと思っていましたが…」

「いや、多少君の個人的な思いについては何も聞いていない。彼も口が堅い真面目なタイプだから、そういったことを簡単に話したりはしない」

「本当は僕、夫々さんみたいな内務部門で働きたいと思っていたんです。あるいは、大きな企業のお客様を相手にする仕事とか。でも、ここでは個人のお客様の相手をするのがほとんどで、それがちょっと…」

「こんなんじゃなかった、みたいな感じなのかな?」②

「はい…」

「そういう思いは僕も若い頃に感じたことがある」②

「マネージャーも、ですか?」

「うん。僕なんか最初はここよりもずっと小さな拠点に配属されたから、働く前からダメな奴だと思われたのかなと、初めの頃はずっと悩んでいた」

「知りませんでした」

「でも、そのとき一緒だった先輩に言われたんだけど、長い会社人生ずっと同じ仕事をし続けられる訳でもないし、泥臭い経験をするなら若い時期に限るし、何よりも自分に与えられた役割を忠実に果たせない人間に大きな仕事なんか任せられるはずがないなんて言い切られてね」③

「厳しい人ですね」

「たしかに厳しい人ではあった。でもね、今ではものすごく感謝している」

「どうしてですか？」

「本当にその通りだったからさ」

「えっ？」

「もちろん、こうしてマネージャーという立場になってから気づいたこともたくさんある。それは事実だ。でも、その先輩の教えに従って、どうせダメだと思われてるんなら失敗したって失うものはない、そんな気分で目の前の仕事に全力投球することにした。そうしたら細かなことが余り気にならなくなってきた」④

「細かなこと、ですか？」

「どういう職場で働くかとか、会社の評価がどうかとか、そういうこと。もちろん僕だって一応は会社員の端くれだから、昇進したり評価されたりするのはとても嬉しいことだよ。だけど、評価はあくまでも頑張った結果に過ぎないのであって、評価されることを目的として働くのは順番が違うように思っている」

「でも、僕はやっぱり評価されたいし出世もしたい。そのためにこういう会社に入って頑張ろうと思ったんです。以前読んだ本に書いてあったんですけど、社長になろうと思わない人は絶対に社長にはなれないって。別に社長になりたいと思っている訳ではありませんが、出世したいと思わない人はできない、そうは思っています」⑤
「はい」

「一面的にはものすごく真理だと思う」③
「でも全面的に賛成はできない」

「どうしてですか？」

「評価されたい、出世したい、社長になりたい、それらは全部人間としての健全な欲望の形だとは思う。だけど問題は順番がどうかということなんだ。これは個人的な意見に過ぎないかもしれない、だから無理に同意してほしいとも思わない、でも、評価や出世はあくまでも手段であって、目的であってはならないように思う」

「手段、ですか？」

「そう、手段だよ」

「どちらかというと目的のように思っていましたが…」

「じゃあ一つ質問するけど、多少君はマネージャーになったら何をしたい？　社長になったら社員をどうしていきたい？」⑥

「それは…」

「別に正解なんてないから何でも構わないよ」

「すみません、正直そこまでは考えていませんでした…」

「今考えていないことを責めるつもりは毛頭ない。でも個人的には、多少君との接点が良い影響を与える他人の範囲を広げること、それが目的であってほしいと思う」

「良い影響…」

「出世するということ、もっと丁寧に言えば、組織の中での役割が大きくなっていくこと、それが意味するものが何なのか、考えてみたことはあるかな？」④

「いいえ…」

「それは他人のために使う時間が増えるということなのだと僕は思っている。僕には三〇人ほどの部下がいる。僕が自分のために使う時間は三〇分の一くらいだと仮定しよう。では社長はどうか。仮に関連会社も含めて一万人の社員がいたとする。でも社長はきっと、一万分の一も自分のために時間を使っていない」

「他人のために使う時間…」

「だから役割に比例して給料が増える。それは責任の重さに対する報酬であると同時に、物理的な時間の対価でもあるのだと僕は考えている」

「はい…」

「ちょっとは共感できるところもある？」

「はい」

「別になくても全然構わないんだけど」

「いえ、自分の考えがすごく浅かったと反省しています」⑤
「そう思ったのなら喜ばしいことだし、後から振り返って、やはりわかっていなかったと思っても全然構わない。こうやって多少君と話をすることこそ本当の意味での僕の仕事だから、わからないと思ったらいつでも訊ねてくれればいい」

「はい、そうさせていただきます」

「多少君さえ構わないのであれば、とことんまで付き合う覚悟だよ」⑦
「ご迷惑をおかけしないように、しっかり自分でも考えたいと思います」

「期待してるよ」

「ありがとうございます」

「ところで、夫々君から言われたかもしれないけど…」

「何でしょうか？」

「古い考え方だと言われるかもしれないが、飲み会の段取りを先輩一人にやらせるのはあまり感心しないな」

「すみません」

「そういう些細なことも含めてチームワークだ。他人のために今自分に何ができるのか、そこには色んなことが含まれるんだからね」

「承知しました」

「今寄さんもけっこう楽しんでいたみたいだから、よかったらまた行こうか？」

「はい。今度は私がちゃんとセッティングします」

「夫々君にもそう言っておくよ、三軒目まで準備しておくってね」


【解説編】


いかがでしたでしょうか。

萌芽も含めると、多少君には複数の「できない」が存在しているように思います。

前回の対話では目的・背景が「わからない」に該当すると思われたものが、発言に微妙な「誤差」が生じているところからその「気がない」に該当する可能性が高いと判断され、更には、自分中心主義の極みであるやる「気がない」の雰囲気さえ漂う結果になりました。

マネージャーは忍耐強く、決して発言を頭から否定することなく、粘り強い姿勢で、多少君との対話に臨んでいます。

主だった発言が何を目的として、どのような意図に基づいてなされたものなのか、早速解説していきたいと思います。

○波線部①

「率直なところを教えてほしいと思っている」

これはまさに継続的なｐｒｉｏｒｉｔｙの問い掛けです。

その「気がない」メンバーに対しては、自らのｐｒｉｏｒｉｔｙが何なのかを、常に問い続けることが肝要ですが、マネージャーはそうした問い掛けを様々な形で実践に移しています。

何度も繰り返し質問すること。

それによって見えてくる「誤差」を注意深く観察すること。

そしてその内容を丹念に分析し積み重ねていくこと。

観察によって積み重なっていく一連の「誤差」が、目的・背景が「わからない」からその「気がない」への（悪い意味での）深化の証拠となります。

対話は長期間に渡る可能性もあります。

それがどれだけの時間を必要とするのだとしても、変わらぬ想いと共に対話を継続する忍耐強さが必要とされます。

求められているのはここでもやはり、私達の勇気の問題なのだということです。

○波線部②

「こんなんじゃなかった、みたいな感じなのかな?」

ここでのやり取りは最初の「誤差」の確認を意味しています。

多少君は「大企業相手の仕事がしたい（だから今の仕事が面白くない）」と発言し、その内容は前回の対話で確認した「優先すべきことは他にある」とは明らかに異なるものとなっています。

今回の内容が本人にとっての本当のｐｒｉｏｒｉｔｙなのかもしれませんし、次回の答えはまた違ったものになっているかもしれません。

問題は「何を答えたか」ではなく「一貫した答えになっているか」どうかです。

だからこそ継続的な対話が必要とされるのです。

○波線部③

「自分に与えられた役割を忠実に果たせない人間に大きな仕事なんか任せられるはずがないなんて言い切られてね」

多少君の言葉にやる「気がない」の萌芽を見出したマネージャーは、他者貢献の意義についての語り掛けを意識し始めました。例えその効果に自信がなくても、やる「気がない」を抱えた自分中心主義のメンバーに対しては、このような問い掛けを継続すること以外に道はありません。

そのためには自らが、日頃から他者貢献の意義を実行に移している必要があります。

○波線部④

「そんな気分で目の前の仕事に全力投球することにした。そうしたら細かなことが余り気にならなくなってきた」

若き日の反省を胸に、マネージャーは他者貢献に取り組みました。

この発言はそれを毅然とした態度で示したものです。

目の前の仕事は、ともするとその目的が見えにくい場合もあり得ますが、どこかで必ず、誰かの役に立っています。細かなことが気にならなくなったのは、「大切なもの」の正体を(感覚的にではあったとしても)知ることができたからに他なりません。

○波線部⑤

「出世したいと思わない人はできない、そうは思っています」

多少君の発言を引用したのは、「誤差」(ないしは、ｐｒｉｏｒｉｔｙ)がスライドしていく様子が見事に現れているからです。

更には、やる「気がない」への疑念を一層強くする結果にも繋がっています。

優先順位の違い↓大企業相手の仕事↓自身の出世。

発言のコアな部分はどんどん自分へと近づいていっています。

○波線部⑥

「多少君はマネージャーになったら何をしたい？　社長になったら社員をどうしていきたい？」

マネージャーは更に具体的に他者貢献の意義について語ります。

後段で明確に示されているように、社内での地位が上がるということは他者のために使う時間が増えるということであり、自分が好影響を与えることのできる範囲を広げる（＝目的）ための手段に他なりません。若いメンバーが思い至らないことは当然であって責めるべきことではありません。それは明らかに語り掛ける側に属する問題です。

そのためには日頃から、自分が組織のメンバーのために何をしたいと考えるのか、そして実際に何ができているのか、自問自答を繰り返す必要があります。

○波線部⑦

「多少君さえ構わないのであれば、とことんまで付き合う覚悟だよ」

やる「気がない」メンバーとの対話には「忍耐」と「自制」とが必要とされます。

右の発言は、そのような覚悟を持って（おそらくは長期間に及ぶであろう）対話に臨もうとするマネージャーの想いを端的に表したものです。

「忍耐」とは一貫して毅然とした姿勢を示し続けることのできる強さであり、「自制」とは否定することなく受け止め続けるための寛容さです。

私自身、とことんまで厳しくも優しくありたいと常に思っています。

◇点線部①

「ちょっとしたところに本人でも気づかない問題の根が潜んでいたりもする」

経験的に「神は細部に宿る」は事実だと言うことができます。

本人が意識していない場合であっても、ちょっとした表現の中に考えていることの本質を感じることができます。

それがネガティヴな雰囲気を纏ったものである場合に、責めることなく気づきへと繋げるための言い方として、右のような表現も十分にあり得ると考えています。

◇点線部②

「そういう思いは僕も若い頃に感じたことがある」

いきなり問題性に切り込んでしまうと、マネージャーの側に明確な意図がない場合であっても、咎めているような印象を与えてしまう場合があります。

そうしたリスクを回避するために、自己開示によって問題の本質を一般化する(=多少君に固有の問題ではないことを暗に示す)ことは有効な手段の一つです。

◇点線部③

「一面的にはものすごく真理だと思う」

これも「自制」の一つの表れと言うことができるかもしれません。

また、価値観の多様性を許容するという観点からも大切な発言です。

どのようなことも全て肯定的に受け止めること。常にノーではなくイエスから言葉を紡いでいくこと。

難しいことではありますが、いつも心掛けていたいと思うことの一つです。

◇点線部④

「それが意味するものが何なのか、考えてみたことはあるかな？」

言わずもがなのことではありますが、問い掛けは基本的に、質問の形でなされるべきだと考えています。

こちら側の主観を押し付けない、物事を断定的に切り取らない、何度も触れてきた通りそうした効果があることは当然として、人は一般に、他人から押し付けられたことには無責任になりがちである一方、自分の発言には責任を持つ傾向があるという点も見逃すことができません。

私はメンバーにはいつも自分の言葉で語ってもらいます。

そして、同じくらい自分の言葉で語ることを心掛けています。

◇点線部⑤

「自分の考えがすごく浅かったと反省しています」

これは若干余談です。

私は多少君のように簡単にこう言ってしまうメンバーをあまり信用しません。

理解の深さと反応の速さとは往々にして反比例の関係にあるからです。

むしろ直ぐには反省しなくとも、じっくりと問題の本質を受け止め、自分の言葉に落とし込んだ上で向かってくる場合のほうが、ずっと骨があるなと感じます。

私達が欲しいのはイエスマンではなくメンバーのことを真剣に考える仲間です。

真剣に考えれば考えるほど口は重くなっていく。

少なくとも私はそのように考えています。

以上、六つのケースを通じて、カテゴリー1～3の「できない」をめぐる対話の様子を目撃し、私なりの拙い解説にも目を通していただきました。

異論、反論、抜け、漏れ、他にも様々なご指摘があることは重々承知しておりますが、今の私に求められているのは摩擦を起こすことだと信じて考察を続けてきました。

たしかに多様なる価値観の競合は摩擦を生むきっかけとなり得ます。

しかしながら、摩擦は熱を生み、その熱は私達が新たに行動するための確かなエネルギーとなります。願わくは本書を叩き台としてメンバーのみなさんに熱を起こしていただきたい。厚かましくもそんなことを思ったりもします。

最後に一点だけ付け加えます。

□　何をしてよいかが「わからない」と物理的に「できない」（ケース①と④）

□　やり方が「わからない」と能力的に「できない」（ケース②と⑤）

□　目的・背景が「わからない」とその「気がない」（ケース③と⑥）

六つの対話を通じて私達は、右の分類のように結合して現れやすい関係性にある「できない」が存在する、という問題意識を持つことができました。

そして、多少君の例のように、その「気がない」は、やがてやる「気がない」へと変容するリスクを孕んでいることも理解しました。

更に言えば、一人の中に複数のタイプが併存するということも珍しくはありません。

むしろ明確に割り切れないのが当たり前かもしれません。

そのような対話は、ともすると幾つもの試行錯誤を生む可能性があります。

しかしながら、そのような試行錯誤の積み重ねにこそ対話の意味があるのだ、という見方もまた十分に説得力を持っていると私は考えます。

そうした積み重ねの一助となることを祈りつつ、本章を結ばせていただきます。

図11

各カテゴリーの親和性について

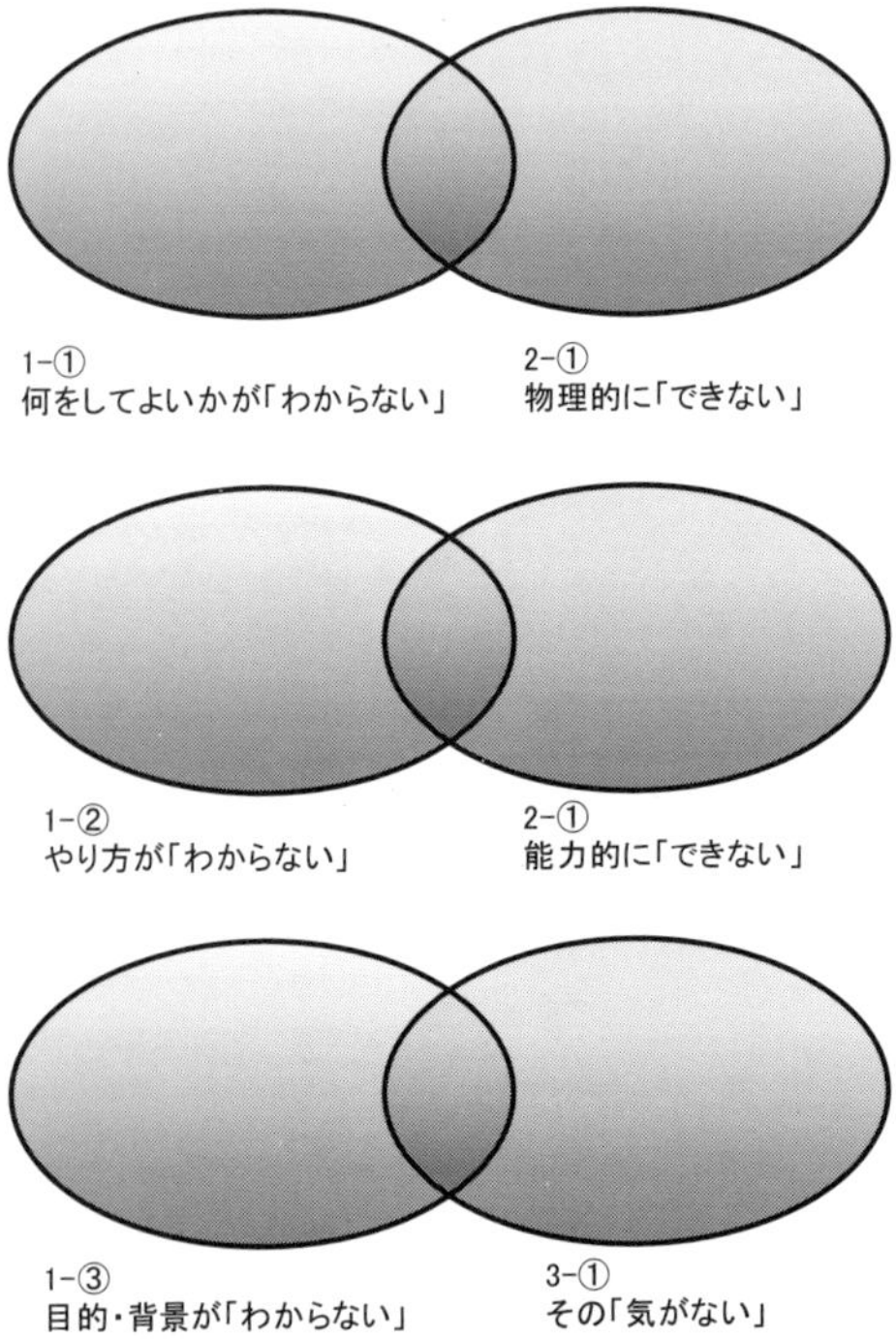

第四章　マネージャー自身の勇気の問題

―すべて肯定的に受け止めよ！

☑ 「全人格を以て正対せよ」

複雑化するイシュー

「全人格を以て正対せよ」という一文は、私が敬愛する先輩から頂戴した言葉です。

「できない」から始める「違い」のマネジメントの探求、そんな一つの旅を終えるに当たって、改めてその言葉を思い起こし、本書に関わる根源的な問いと正対します。

私にドラッカーのような高尚さは全くありませんが、私にとってのマネジメントとは、メンバー一人ひとりの人生と真剣に向き合うということ以外にはありません。人を評価し、下品な言い方をすれば給料を決めることのできる立場になったときに、そのことを痛感しました。

つまり、メンバーの数だけある人生と全人格を以て正対する、ということです。

他方、マネジメントは近年ますますその難易度を増している、そうした類いの言葉に出会う機会が増えてきました。

その理由について少し考えます。

一例としての若者における問題意識の低下。

たしかに私にも少なからぬ実感があります。

その原因を、例えば「ゆとり世代」の弊害であるかのように断定してしまうのは簡単なことなのかもしれませんが、もちろんその世代のメンバーにも高い問題意識を有している人はいます。

プロトタイプの言葉や乱暴な一括りは全く有意義ではありません。

これはあくまでも私見に過ぎませんが、(課題の本質という意味での)イシューが複雑化している、そのことが根本的な原因なのだと私は考えています。

つまり、それはどちらもＩＴの奇跡的な発達という事態を前提としながら、
①「情報量の飛躍的な増大によって、ひとつの意思決定に際して考慮すべき要素の数が圧倒的に増加している」という量的な意味において、イシューそのものが複雑化している、ということであると同時に、
②「多分に真贋を含む情報の中から、真に有用なものだけを選び取ることが極めて難しくなっている」という質的な意味において、イシューの発見までの手順が恐ろしく複雑化している、ということになります。
イシューの複雑化とイシューに対する関心とは、当事者が思っている以上に、明らかに反比例の関係にあります。

若い世代の問題意識の低下、つまり、イシューに対する関心の質の低下は、そのような理由から、必然的な要素を多分に含んでいます。

そうした時代背景の中で、私達が実践する「違い」のマネジメントの課題は、二重の意味で複雑化したイシューへの対処、という点にフォーカスされることとなります。

イシューを細分化し、明確化すること。それをメンバー一人ひとりに対して個別に提示すること。

そのようにして責任の差異化を有効に機能させていくこと。

「できない」の諸相を見ていく過程で気がついたように、その根底にあるものはどれも劣等感やトラウマのようなものです。

まさにこの意味において、「違い」のマネジメントにとっての課題が、そうしたイシューへの対処に他ならないのだと確認することができます。

勇気をもって肯定する

全体観としてメンバー一人ひとりの人生を肯定すること。

しかしながら、その内に深く潜む敵に対しては断固とした態度で臨むこと。

私達が忠実に実行すべきはそのような二正面作戦に他なりません。

そしてそれは、具体的には次の二つの行動に収斂されます。

つまり、自らは差異化された責任にしっかりとコミットすること。

その上で、メンバー一人ひとりと徹底的に対話を繰り返すこと。

対話は勇気づけの唯一の方法であると言っても過言ではありません。

勇気とは、メンバーの劣等感やトラウマと正対し、その心臓を射抜くことのできる唯一つの矢であると私は考えます。

しかも、その矢を実際に放つことができるのは、他ならぬメンバー自身であって私達では決してありません。

著名な心理学者である加藤諦三さんは、「何かを求めるとは、何かの役割を背負おうとすることに他ならない」と言っています。

相変わらず逆説的な言い方にはなってしまいますが、私達は、自らが差異化された責任を果たすことによって、他者への貢献の実現を求めていく生き物なのだと考えます。

以前あるメンバーと対話した際に、「結局は全部自己満足に過ぎないんじゃないかと思うんです」という趣旨のことを言われました。

その問い掛けに対して、私は「その考え方には全面的に賛成する。だけど、敢えて付け加えるとしたら、どうせ全部自己満足に過ぎないんだったら、せめて他人のために何かをしているという、いわば上質な自己満足をすればいいんじゃないかな」と答えました。

今もその考え方に変わりはありません。

加藤さんはまた、「自分は自分の能力を向上させるために何かをすることができる」という確信の必要性について説いています。

確信と共に自らの責任を果たしていくこと。

それが私にとっての「全人格を以て正対する」ということに他なりません。

☑「永遠のスクラップアンドビルド」のために

「違い」は変わり続ける

古代ギリシアの哲学者ヘラクレイトスは、「万物は流転する」と説きました。

その言葉が真に意味するところは寡聞にしてわかりませんが、そこから受け取るイメージを私達の問題意識と重ね合わせることによって、一つの風景が見えてくるように思います。

対話の起点としての「今ここという場所」。

それは日々刻々と、あたかも髪の毛が伸びていくかのように、目には見えない形で、それでいて確実に、その姿を変えていきます。そして私達の対話は、そのような目には見えない変化が、でも間違いなく存在している、という事実を前提としています。

様々な「できない」とその背景に潜んでいるトラウマ、つまり、「今ここという場所」を取り巻く全ての要素が、日々姿を変えながら移動していく動体として存在しています。

それは私達自身が日々変わり続ける動体でなければならないということ、変化を怖れない勇気が大切なのだということを意味しています。

自分の成功体験に誇りを持っている人がいます。

もちろん誇りを持つことは大切なことです。

ですが、それを長い間持ち続けることには明らかにマイナスの影響が伴います。科学の進歩に代表される私達の常識の変化を思い出せばそれ以上の説明は不要でしょう。

現代最高の哲学者の一人であるドゥルーズは、現在(ないしは、未来）は全て、過去に起こった出来事の反復であり、多くの人は過去と現在との間に「同じ」要素を見出そうとしますが、本当に大切なのは「違い」、つまりは「反復されなかった何か」であると説きます。

私達も往々にして誰かの成功と自分の取り組みとの間に共通する要素を見出し、そうすることで安心感を獲得し、そして次の世代にもそれを強要しようとします。

しかしながら、ドゥルーズの言葉に従えば、それは明らかに誤りです。

ハイパフォーマーの取り組みを抽象化し、それをマニュアルのような形で示すことの効果を明確に否定するつもりはありませんが、その際に大切なのは「なぜハイパフォーマーとは違った行動を取るのか」という理由の方であり、更に言えば、その背景に潜んでいるはずのメンバー一人ひとりの「できない」であることは間違いありません。

繰り返しになりますが、そうした「違い」（ないしは、「できない」）は日々変化しています。

時代に適応しすぎた種が絶滅するように、進化を忘れた人間は明らかに退化します。

いつも自分が変化の途上にあるのだという認識を持って、対話の相手と一緒に変化していくのだという勇気と共に進んでいきたい。

そう強く思います。

壊すことを怖れない勇気

そのために必要なのは壊すことです。

極端に言えば、昨日の自分が既に「賞味期限切れ」であると自覚することです。別に「ちょっとした」違いであってもかまいません。今日の自分が、昨日の自分よりもちょっとだけ成長していること。そんな「ちょっとだけ」の積み重ねは、あたかも髪の毛が伸びるように、気づいた時には大きな成長へと繋がっているはずです。

そのために昨日の自分を壊すのです。

何も根本的につくり変える必要はありません。昨日とは「ちょっとだけ」違っている自分を新たにつくり直すだけでいいのです。

大切なのは継続です。

私はそうした間断なき繰り返しのことを「永遠のスクラップアンドビルド」と呼びます。

自分の仕事に自ら価値を見出す人は壊すことを怖れます。

なぜならば、自分の仕事の価値は他人が見出すものだということを知らないからです。言い方を変えれば、他人が価値を見出してくれないことを怖れているからです。

勇気について書きます。

これまで何度も勇気という言葉を繰り返してきましたが、私はそれを「勇敢さ」という意味では使っていません。

サッカー五輪予選中継のＣＭで、明らかに勇気を欠いた若き編集者の問い掛けに元日本代表監督であるイビチャ・オシムがこう答えていました。

「怖れることを怖れるな」

勇気とはそのような形でしか得られないものなのだと私は考えます。

緊張しないコツが「自分が緊張している」という事実を受け容れることでしかないように、勇気を身につける秘訣は怖れを受け容れること以外にはありません。

私達はみな弱い存在です。

だから失敗することも怖れるし、評価されないことも怖れます。

それはむしろ当たり前のことです。

大切なのは怖れている自分を怖れないこと、あるいは、怖れているという状態を自然なものとして受け容れること。

それこそが本当の勇気であり、メンバーを包み込むことのできる勇気に他なりません。

「違い」のマネジメントとは変化するマネジメントです。

変化を怖れることなく許容するマネジメントです。

それは勇気の力によって今日の自分をスクラップし明日の新しいビルドへと繋げていく、いわば未来志向のマネジメントでなければなりません。

まるで転がる石ころのように、「まだ見ぬ」山を見る旅はどこまでも続きます。

☑ 「今ここという場所」から未来へ

私達は未来を怖れない

時として人は、変化と同様に未来を怖れます。

そうした怖れは、究極的には死への怖れとして理解され、私達人間にとって無能感を抱く根拠となり得ます。そのような無能感は劣等感やトラウマの根源にあるものです。

未来に対する怖れの原因は、その不確実さにあります。

再びドゥルーズの言葉を借りれば、「過去とは違っている何か」の存在によって人は未来を畏怖します。つまり、未来を怖れる人は「違い」を怖れる人に他なりません。

アドラーは、「われわれの人生への関心はもっぱらわれわれの不確実さからくる」として、不確実な未来を肯定します。

また、別の文脈では、「すべては変化する」（＝すべては不確実なものである）ということだけが確実なことなのだと言い切っています。

あるいは、もしも私達の全員がこれから起こるすべてについて確信しているのなら、議論や科学の発達の可能性は閉ざされ、「われわれの周りの宇宙は二度話された物語に過ぎなくなるだろう」とも述べています。

不確実さに耐えられないということ。

明日に起こることが予想できないという事実に対して怖れを抱くこと。

まさに「二度話された物語」でなければ安心して読めない、そんなことを思う人が勇気を失う人なのだと私は考えます。

何度も述べてきた通り、私達は、自己の内面に限らず、他者との関係性においても、「今ここという場所」の間断なき更新によって、人生の目標を実現しようとします。

それが私達にとっての勇気であり、私達にとっての自己変革です。

そのような勇気の喪失が意味するものは、価値観の多様性を拒絶した「全体主義」への誘いに、全身で抗えなくなってしまうという事実なのだと思っています。


そしてすべてを肯定的に受け止めよ！


少し視点を変えます。

日本の社会にとって、そうした未来への怖れはおそらくは、バブル経済の崩壊以降に顕著なものとなりました。

私達のライフスタイルは大きく変容し、裕福と幸福が同義であった時代はあっという間に忘却の彼方へと去って行きました。

それは言うまでもなく、価値観の大きな変容という事態をもたらしました。

成熟した社会、などという言い方をする人もいますが、その問題性を私達のマネジメントの課題にフォーカスするならば、高度経済成長以降のシンプルな価値観を基礎としたマネジメントの時代は終わりを告げ、多様化する価値観を前提とした、これまでとは全く異なるマネジメントスタイルが要請される時が来た、という言い方も可能でしょう。

そのような時代の要請に耐え得るのが「違い」のマネジメントです。

未来に対する怖れを取り除き、不確実さを、つまりは「違い」の存在そのものを、全面的に肯定するマネジメントには、明らかに勇気が必要です。

私達に必要なものは勇気です。

勇気こそが差異を肯定する力を与えるものです。

対話によって熱を起こし、勇気を奮い立たせること。

勇気を信頼できるような対話を日々実践すること。

自らの内にある勇気の存在を信じること。

それが「違い」のマネジメントが目指す地平なのだと今は言い切ることができます。

マネジメントとは「人材育成」に尽きる、という考え方があります。

そして私はその考え方を全面的に支持します。

組織に自分のＤＮＡを残す。

そんな考え方を時として耳にしますが、私はむしろ反対のことを考えています。

マネージャーとしての自分がいなくても組織がうまく回っていくようにメンバーを育成すること、別の言い方をすれば、自分のＤＮＡの痕跡を消し去ろうとすること。

いたずらに自らの存在意義を誇るのではなく、むしろ自らの存在意義が少なくなっていく変化を心から喜ばしいと思うこと。

つまり、全人格を以てメンバーと正対し、日々変わっていく差異を「今ここという場所」の射程に収めつつ、永遠に自らを壊しては築き上げていく勇気。

それがまさに、私達が身につけるべき未来志向の勇気です。

メンバーの一人ひとりを勇気づけることのできる勇気です。

かつて「不確実性の時代」という言葉が声高に語られたことがあります。

私達は、例え未来がどれだけ不確実なものであったとしても、そのような不確実さを、全面的に肯定しなければなりません。

そのような勇気を、断固として持ち続けなければなりません。

勇気なき場所にはびこるのは怖れだけだからです。

肯定すべき未来は、常に私達の内にあります。

そしてそれは、「違い」のマネジメントが実践する対話の中で、常に「今ここという場所」として語られるべき未来なのだと、私は確信しています。

おわりに

振り返れば今から三年ほど前、「全人格を以て正対せよ」という言葉を与えてくれた当時の上司が組織の人材育成のかなりの部分を任せてくれたことから、私にとっての「違い」のマネジメントの探求が始まりました。

それまでの私は、ともすると、マネージャーの仕事に正面から向き合うことができていなかったようにも思います。そんな私の心中を見透かして、人材育成の役割を与えてくれたのかもしれない。

今ではそのように理解しています。

旅の途上でずっと、リーダーにとって必要なことは何か、考え続けてきました。

引っ張るのではなく勇気を持って先頭を歩くこと
引っ張ろうとすると前かがみになる
前かがみになると足元しか見えなくなる
つまり、遠くの前が見えなくなる
遠くの前が見えないと道を誤る
引っ張っていれば、メンバー全員が道を誤る
引っ張らなければ、リーダーだけが道を誤る

だからメンバーを自分の足で歩かせること
自分の足で歩く勇気を与えること
それだけが、リーダーとしてなすべきたった一つのこと

今はそんな風に思っています。

最後になりますが、本書を出版するきっかけを与えていただいたインプルーブの小山睦男さん、本当にありがとうございました。小山さんとの出会いがなければ本書は完成することはありませんでした。

その他、個々にお名前を挙げることはできませんが、これまでの出会いの中で、多くの気づきを与えてくれた先輩、同僚、友人の皆さま、本当に感謝しています。私個人の力ではなく皆さまとの出会いが本書を完成させる勇気になりました。

最後に、家族の支えがあってこそ最後まで書き切ることができました。特に二人の息子に残せたことを何よりも嬉しく思います。

そんな想いを込めて、ありがとうの言葉と共に、本書を結びとします。

細谷　知司

【参考文献】（主なもの）

『マネジメント　基本と原則』P・F・ドラッカー上田惇生訳(ダイヤモンド社)
『ソフト・マネジメント・スキル』ロッシェル・カップ(日本経団連出版)
『個人心理学講義』アルフレッド・アドラー岸見一郎訳(アルテ社)
『勇気はいかに回復されるのか』アルフレッド・アドラー岸見一郎訳(アルテ社)
『不完全性定理』クルト・ゲーデル林晋・八杉満利子訳(岩波文庫)
『差異と反復』ジル・ドゥルーズ財津理訳(河出書房新社)
『ニーチェと哲学』ジル・ドゥルーズ江川隆男訳(河出文庫)
『カントの批判哲学』ジル・ドゥルーズ國分功一郎訳(ちくま学芸文庫)
『嫌われる勇気』岸見一郎・古賀史健(ダイヤモンド社)
『アルフレッド・アドラー　人生に革命が起きる一〇〇の言葉』小倉広(ダイヤモンド社)
『わかりあえないことから　コミュニケーション能力とは何か』平田オリザ(講談社現代新書)
『「行動できない人」の心理学』加藤諦三(ＰＨＰ研究所)

【付録】　「できない」の研究　基本フォーマット

対話において留意すべきポイント

	それぞれの役割	留意すべき事柄
自己開示	対話の起点として機能する 自己開示を受けた他者は、「返報性の原理」にしたがい、 同じレベルでの開示を行う	① 必ず言語を介した伝達として実践する ② 意図を持たず、良いことも悪いこともありのままに開示する ③ メンバーは「知らない人にはついていかない」と心得る
自己相対化	他者から開示された自己の受け止め方の問題 価値観の多様性の根幹をなすものであり、全ての問題を 正誤ではなく相違の観点で眺める	①「絶対」はないことを正しく理解する ② 評価を留保し、他者の価値観をありのままに受容する ③ 他者の価値観に対して、自らにするのと同様に接する
自己決定性	未来は自らの意思で選択可能であるという性質 共同体感覚と勇気によって、「他者（共同体）への貢献」という 形で実現されなければならない	① 全ての人が組織に対して何らかの貢献ができると理解する ② 責任を差異化し、個々人の人生の目標と有機的に結合する ③ 組織への貢献に繋がるよう、正しく勇気づける

カテゴリー・タイプ別「できない」の概要

（難易度が上がる ↓）

	カテゴリーとタイプ	対話におけるアプローチ
わからない	【カテゴリー 1-①】 何をしてよいかが「わからない」 【タイプ】 考えることを回避する（whatの問題）	① このタイプに該当している事実を共有する ②「わからない」もの（＝what）を具体的に教える ③「一緒に考えている」という姿勢を示し安心感を与える ④ 必要に応じて役割の見直しなどを行う
	【カテゴリー 1-②】 やり方が「わからない」 【タイプ】 選択することを回避する（howの問題）	① 現実的に可能な複数の選択肢を具体的に示す ② そうすることで潜在的に選択を回避している事実を示す ③「共に選択肢を吟味する」姿勢を示す ④ 個々の選択肢に対する自らの態度を明確化する
	【カテゴリー 1-③】 目的・背景が「わからない」 【タイプ】 同調することを回避する（whyの問題）	① 「大切なこと」について常に具体的に尋ねる ② 答え（がないこと）に辿り着くまで繰り返し質問する ③ 感覚的な「必要がない」には同調しない姿勢を示す ④ 反面、門戸は常に解放していることも理解してもらう
できない	【カテゴリー 2-①】 物理的に「できない」 【タイプ】 忙しさを理由に行動を回避する（capacityの問題）	① 決して咎めたりしない ②「正確さ」に関して求めるレベルを引き下げる ③ 上記の引き下げに際して具体的な内容を明示する ④ トラブルに繋がった場合は自ら責任を取る姿勢を示す
	【カテゴリー 2-②】 能力的に「できない」 【タイプ】 劣等性を理由に努力を回避する（abilityの問題）	① 「心のメガネ」を外してもらう ② 課題を到達可能なレベルに細分化し継続的に提示する ③ メンバーが考える「できない」理由を具体的に探る ④ 曖昧さを排除し、具体的な事実を確認し共有する
気がない	【カテゴリー 3-①】 その「気がない」 【タイプ】 不一致を理由に行動を回避する（priorityの問題）	①「認識の相違」を注意深く観察し記録する ② 上記データの中に潜む「誤差」の存在を発見する ③ 常にメンバーにとっての priority が何なのかを問い続ける ④ 長期に渡って継続する対話への忍耐力を身につける
	【カテゴリー 3-②】 やる「気がない」 【タイプ】 意思を理由に行動を回避する（mentalityの問題）	① 自ら正しい人生の目標を獲得するべく努力する ② 上記努力の継続をメンバーに対して毅然とした態度で示す ③「忍耐」と「自制」がカギであると正しく認識する ④ 他者への貢献の意義について語りかける
その他	上記のいずれにも該当しない外的な要因による場合	① 基本的にはメンバーの事情を受け容れる以外にはない ② 許される範囲の中での「ベスト」を常に共有する

著者略歴

細谷　知司（ほそや　さとし）

1971年北海道生まれ。

東京大学教養学部比較日本文化論学科卒業。

大学時代に哲学を学び、一度は物書きを志すも就職。

札幌、大阪、東京、広島と常に歓楽街のある街で勤務し、長い時間を人生勉強に費やす。

その後心理学やマネジメント理論を学び、様々な場所での人生経験も加味した独自のマネジメント手法を構築。

現在も大手保険会社に勤務し、年に3回の定期面接の時期には、会議室が「カウンセリングルーム」と呼ばれる。

趣味は飲酒。最近ではメンバー一人ひとりの人生の幸せを肴に、独りハイボールを飲み続けることが多い。

メール：skmyh1125@yahoo.co.jp

「できない」を「できる」に変えるマネジメント

2016年3月11日　初版発行

著　者　細谷　知司　©Satoshi　Hosoya
発行人　森　　忠順
発行所　株式会社 セルバ出版
〒113-0034
東京都文京区湯島1丁目12番6号 高関ビル5B
☎03（5812）1178　FAX 03（5812）1188
http://www.seluba.co.jp/
発　売　株式会社 創英社／三省堂書店
〒101-0051
東京都千代田区神田神保町1丁目1番地
☎03（3291）2295　FAX 03（3292）7687

印刷・製本　モリモト印刷株式会社

Printed in JAPAN
ISBN978-4-86367-254-3